AMÉNOPHIS

Violaine VANOYEKE a consacré une trilogie à « La Pharaonne » Hatchepsout :

LA PHARAONNE

* *La Princesse de Thèbes*
** *Le Pschent royal*
*** *Le Voyage d'éternité*

Et une trilogie au pharaon Thoutmosis III :

THOUTMOSIS

* *Le Rival d'Hatchepsout*
** *L'Ibis indomptable*
*** *Au royaume du Sublime*

7-13, boulevard Paul-Émile-Victor – Île de la Jatte
92521 Neuilly-sur-Seine Cedex

VIOLAINE VANOYEKE

AMÉNOPHIS

*

Le prince de lumière

ROMAN

Michel LAFON

DU MÊME AUTEUR

L'Art aux yeux pers, Le Cherche-Midi, 1980, *poésie*. Prix Jean Christophe.

Torrent, R.E.M., Lyon, 1983, *poésie*. Album avec interprétation au piano de Violaine Vanoyeke.

L'Harmonie et les arts en poésie, Monaco, 1985, *anthologie*.

Le Mythe en poésie, Monaco, 1986, *anthologie.*

Cœur Chromatique, R.E.M., Lyon, 1986, *poésie*. Album avec accompagnement musical interprété au piano par Violaine Vanoyeke. Interprétations des textes avec Dominique Paturel.

Clair de Symphonie, J. Picollec, 1987, *roman.*

Messaline, Robert Laffont, 1988, *roman*. Traduit en espagnol, portugais, grec, coréen, bulgare, polonais...

Le Druide, Sand, 1989, *roman.*

Au bord du Douro, Lizier, Luxembourg, 1989, *poésie.*

Les Louves du Capitole, Robert Laffont, 1990, *roman*. Prix littéraire de l'été 1990. Traduit en espagnol, portugais...

La Prostitution en Grèce et à Rome, Belles Lettres, 1990, *histoire.* Traduit en espagnol, en grec, en japonais, en tchèque...

Le Crottin du diable, Denoël, 1991, *roman*. Prix de l'Association de l'assurance et des banques, 1992.

Les Bonaparte, Critérion, 1991, *histoire.*

La Naissance des jeux Olympiques et le sport dans l'Antiquité, Belles Lettres, 1992, *histoire.*

Les Grandes Heures de la Grèce antique, Perrin, 1992, *histoire*. Repris au Grand Livre du Mois.

Les Sévères, Critérion, 1993, *histoire.*

DU MÊME AUTEUR (suite)

Les Schuller, Presses de la Cité, 1994-1995, *romans* :
* *Les Schuller*, Presses de la Cité, 1994.
** *Le Serment des Quatre Rivières,* Presses de la Cité, 1995.

Hannibal, France-Empire, 1995, *histoire/biographie*.
Paul Éluard, le poète de la liberté, Julliard, 1995, *histoire/biographie*.

Le Secret du pharaon (série), L'Archipel, *romans* :
* *Le Secret du Pharaon*, L'Archipel, 1996. Traduit en espagnol, portugais, catalan, tchèque, slovaque... Repris au Grand Livre du Mois (1996), par Succès du Livre (1997), à Presses Pocket (1997), Le Chardon bleu (1997).
** *Une mystérieuse Égyptienne*, L'Archipel, 1997, *roman*. Traduit en espagnol, tchèque, portugais... Repris par Succès du Livre (1998), à Presses Pocket (1999), Le Chardon bleu (1999).
*** *Le Trésor de la reine-cobra*, L'Archipel, 1999. Repris par Succès du Livre, Presses Pocket (1999).

Quand les athlètes étaient des dieux, Les jeux Olympiques de l'Antiquité, Fleurus, Collection « Encyclopédie Fleurus », 1996, *ouvrage pour la jeunesse*.
Périclès, Tallandier, 1997, *histoire/biographie*. Traduit en portugais, espagnol... Repris au Grand Livre du Mois (1997).

Les Histoires d'amour des pharaons (série), Michel Lafon :
* *Les Histoires d'amour des pharaons : Néfertiti et Akhenaton ; Ramsès II et Néfertari ; Tyi et Ramsès III ; César et Cléopâtre ; Antoine et Cléopâtre,* Michel Lafon, 1997. Traduit en italien, espagnol, turc, portugais, hongrois... Repris au Grand Livre du Mois (1997), par Succès du Livre (1999), au Livre de Poche (1999).
** *Les Histoires d'amour des pharaons II : Ahmosis et Ahmès-Néfertari ; Tiâa et Aménophis II ; Tout-Ankh-Amon et Ankhsepaton ; Séthi II et Taousert*, Michel Lafon, 1999. Traduit en espagnol, portugais... Repris au Livre de Poche (2000).

La Passionnée, Michel Lafon, 1997, *roman*. Traduit en espagnol...

DU MÊME AUTEUR (suite)

De la prostitution en Alsace (collectif), Le Verger, 1997, *histoire*.

La Pharaonne Hatchepsout (trilogie), Michel Lafon, *romans* :

* *La Princesse de Thèbes*, Michel Lafon, 1998. Nouvelle édition, 1999. Traduit en portugais. Repris au Livre de Poche.

** *Le Pschent royal*, Michel Lafon, 1998. Nouvelle édition, 1999. Traduit en portugais. Repris au Livre de Poche.

*** *Le Voyage d'éternité*, Michel Lafon, 1999. Traduit en portugais, espagnol... Repris au Livre de Poche (2000).

Les Dynasties pharaoniques (série), Tallandier, *histoire* :

* *Les Ptolémées, derniers pharaons d'Égypte*, Tallandier, 1998. Traduit en espagnol, portugais...

Thoutmosis (trilogie), Michel Lafon, *romans* :

* *Le Rival d'Hatchepsout*, Michel Lafon, 2000. Repris au Grand Livre du Mois, au Livre de Poche (2001).

** *L'Ibis indomptable*, Michel Lafon, 2000. Repris au Grand Livre du Mois, au Livre de Poche (2001).

*** *Au royaume du Sublime*, Michel Lafon, 2000. Repris au Grand Livre du Mois, au Livre de Poche (2001).

Les Pharaons mènent à la vie éternelle, autobiographie, Michel Lafon, 2001.

Discographie

Bach, Beethoven, Debussy, Chopin, R.E.M., Lyon, Violaine Vanoyeke, piano.

Chopin, Debussy, Schumann, R.E.M., Lyon, Violaine Vanoyeke, piano.

Violaine Vanoyeke est l'auteur de nombreuses préfaces et articles parus dans *Historia, Chroniques de l'Histoire, Le Spectacle du monde, Le Quotidien de Paris, L'Histoire, Science et Vie, France-Soir, Géo, Voyager, Vous et votre avenir...*

Pour mon père,
Pour ma mère,
Et pour Philippe en souvenir
de tant d'épopées...

« Regarde le sphinx Harmachis, prince. Tu deviendras roi partout où Rê répand ses rayons. »

(Extrait de la Stèle
du Sphinx de Gizeh.)

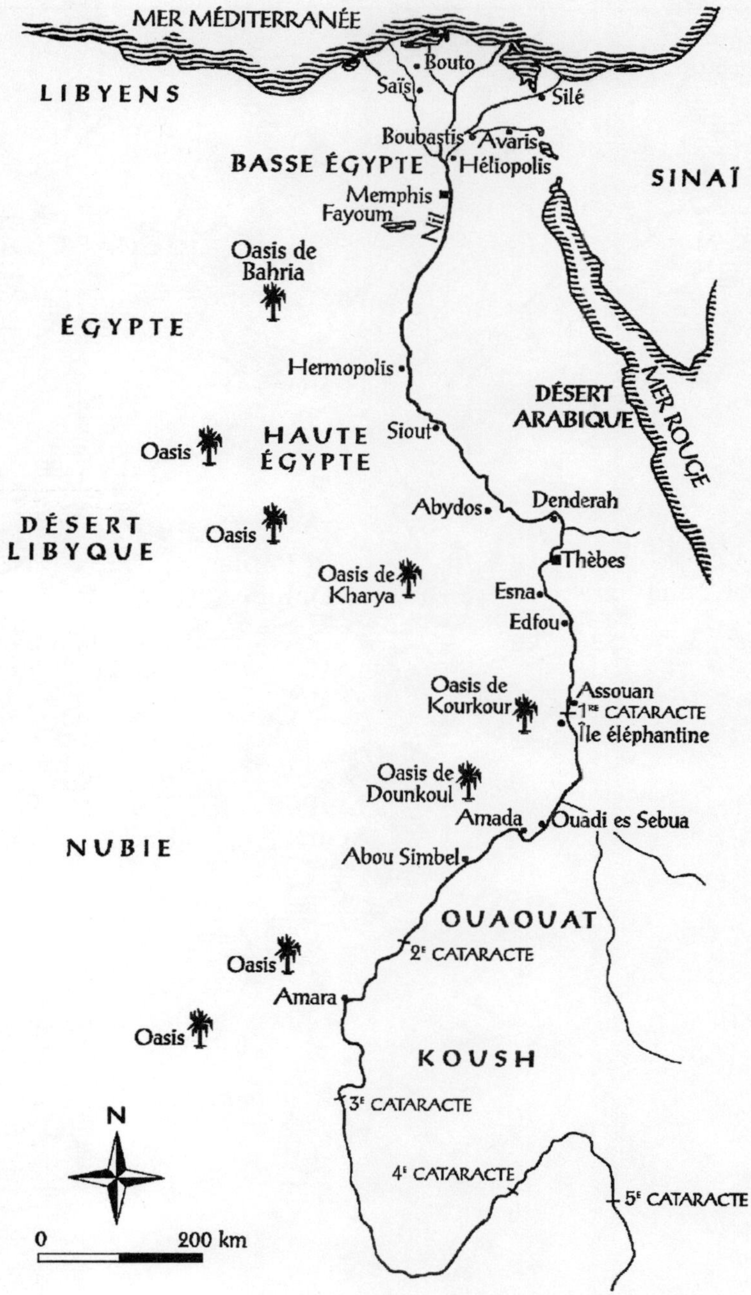

L'Égypte et la Nubie

La Grèce antique et l'Asie

THRACE
Byzance
Thasos
Samothrace
Imbros
TROIE
PHRYGIE
Lemnos
MER
Lesbos
Scyros
Hermos
ÉGÉE
Chio
LYDIE
Andros
Samos
Méandre
Tinos
Ikaros
CARIE
CYCLADES
Mykonos
SPORADES
Paros
Naxos
Siphnos
Amorgos
Théra
Rhodes
Malia
Knossos
Gortyne
Phaïstos
Palaokastro
Zakro
CRÈTE

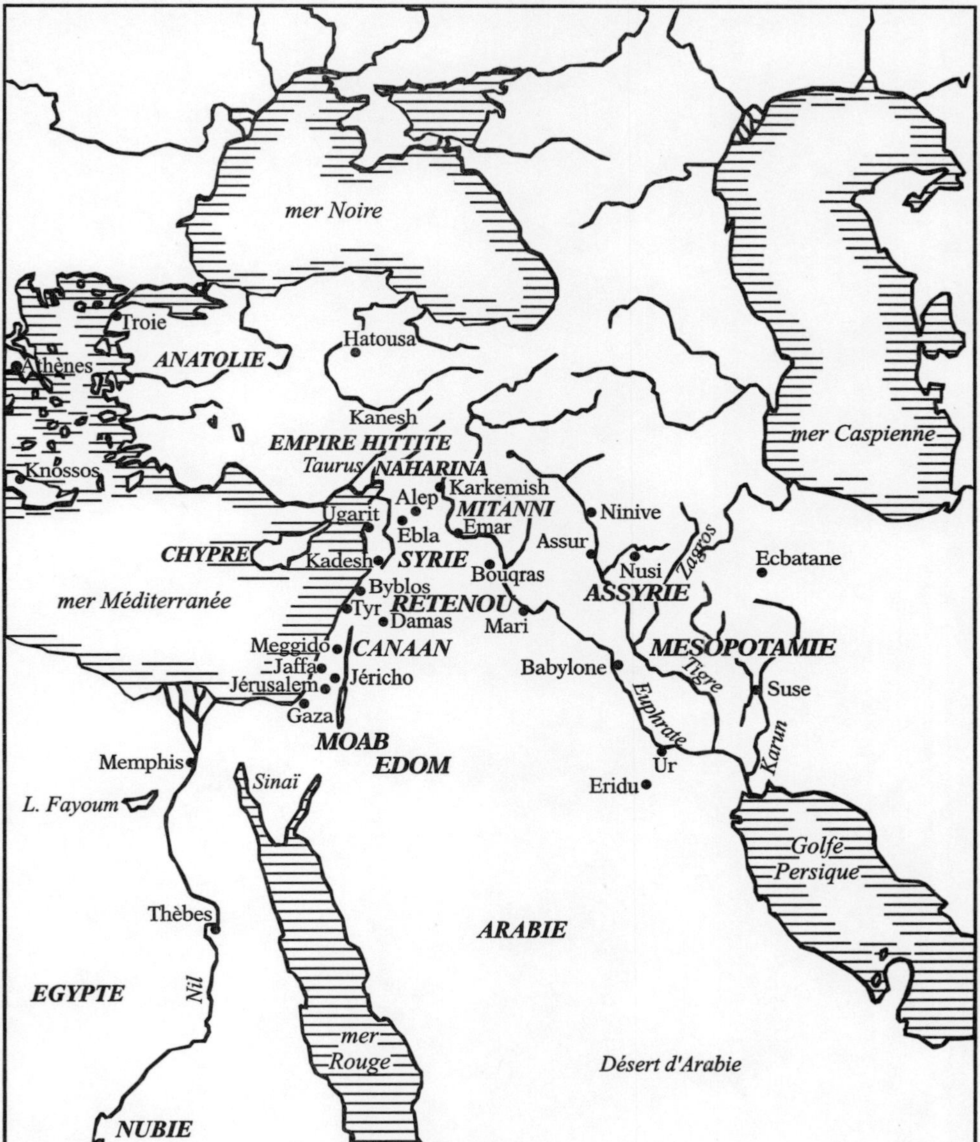

Anciens pays du Proche-Orient (XVᵉ siècle av. J.-C.)

Avant-propos

La XVIIIe dynastie commence avec le pharaon Ahmosis. Ce roi s'illustra en repoussant des envahisseurs venus du Nord appelés « Hyksos » et qui régnèrent en Égypte. Les Indo-Européens s'installaient alors en Asie Mineure.

Aménophis Ier, fils d'Ahmosis et d'Ahmès-Néfertari, et son gendre Thoutmosis Ier surent protéger le territoire de leur ancêtre.

Thoutmosis Ier fut un général exceptionnel. Il eut avec sa première épouse un fils qui fut appelé Thoutmosis II. Marié à sa demi-sœur Hatchepsout, seule héritière de sang royal, Thoutmosis II n'exerça le pouvoir que peu de temps. Il eut une fille avec Hatchepsout : Néférou-Rê. Celle-ci semble être morte très jeune bien qu'une inscription fasse peut-être allusion à elle à une époque où Thoutmosis III régnait seul et où Hatchepsout avait disparu. Sans doute Thoutmosis II et Hatchepsout eurent-ils une seconde fille appelée Méryrêt-Hatchepsout II.

Cette dernière se maria avec Thoutmosis, troisième du nom, fils de Thoutmosis II et d'une fille du harem, Iset.

Thoutmosis III devint pharaon à la mort de son père

Thoutmosis II. Hatchepsout, qui devait assurer la régence, s'imposa comme pharaon à part entière dans la septième année du règne. Elle régna pendant vingt-deux ans, laissant son neveu Thoutmosis III à l'écart. S'entourant de fonctionnaires et de prêtres dévoués à sa personne, organisant des expéditions dans les pays les plus lointains, combattant elle-même les Nubiens, restaurant les temples en ruines, elle sut s'affirmer dans une Égypte prospère [1].

Mais les peuples d'Asie devenant menaçants, Thoutmosis III allait devenir le sauveur de l'Égypte, le plus grand pharaon de tous les temps, celui qui passerait l'Euphrate pour imposer la puissance de l'Égypte en Asie [2]. Son épopée demeure exceptionnelle. Après avoir vécu dans l'ombre d'Hatchepsout, la pharaonne fille d'Amon, Thoutmosis III devait briller au firmament de l'Histoire.

Aménophis II, le fils qu'il eut avec la reine Tiâa, prit, à sa mort, la tête d'un pays gigantesque. Parce qu'ils avaient favorisé les échanges entre l'Égypte et les autres pays, Hatchepsout et Thoutmosis III avaient ouvert la porte de l'Égypte à de nouvelles coutumes et à de nouvelles religions. Les héritiers de la dynastie allaient changer la face du monde dans un tournant fondamental de l'Histoire.

Violaine VANOYEKE
Winter Palace, Louxor

---

1. Voir *La Pharaonne*, Violaine Vanoyeke, Éditions Michel Lafon, 1999.
2. Voir *Thoutmosis*, Violaine Vanoyeke, Éditions Michel Lafon, 2000.

Première partie

I

Le prince héritier fut ébloui par la lumière fantomatique qui auréolait le contour des pyramides et le sphinx de Gizeh. L'aube noyait d'une laiteuse luminosité le plateau de la nécropole d'où émergeait le gigantisme irréel des monuments. D'où il se trouvait, le prince les voyait noirs et étranges, presque menaçants. Il frémit et arrêta son cheval pour contempler le dieu Sphinx Harmachis.

Bien qu'il se fût entraîné de très nombreuses fois à la course sur ce plateau désert où sifflait un petit vent chaud qui balayait la crête des dunes, il éprouva une sensation nouvelle. Il eut l'impression que cette journée ne serait pas comme les autres, qu'un événement étrange allait se produire et qu'il vivait comme dans un songe une aventure surnaturelle.

– Que se passe-t-il, prince ? lui demanda le vizir du nord de l'Égypte qui l'accompagnait. Souhaites-tu que nous foulions le sol et que nous laissions reposer nos montures ?

Figé telle une statue, le torse doré et brillant d'huile, les yeux fixés sur le sphinx de Gizeh qu'il regardait de ses pupilles éclatantes comme s'il avait vu une apparition, le prince ne répondit pas. Avait-il seulement entendu les paroles du fonctionnaire ? Ses lèvres asséchées s'entrouvrirent dans un sourire énigmatique qui troubla le vizir.

– Sans doute le prince, fils d'Horus, est-il éprouvé par le voyage qu'il a fait depuis Thèbes...

Thoutmosis IV tourna ses pupilles éclatantes vers lui. Derrière lui attendait le cortège royal. À l'exception de quelques hennissements, le silence était total.

– Entends-tu ? demanda le prince en posant son index près de son oreille.

– Oui, maître. Il s'agit du vent.

– N'est-ce pas signe de tempête ?

– Que les dieux nous épargnent !

– Ne sens-tu pas une atmosphère indescriptible en ces lieux ?

– Tes ancêtres les pharaons, Kephren, Mykérinos, Khéops viennent de cesser leur course nocturne dans le ciel. Ils ont regagné leur chambre funéraire au sommet de leur pyramide. Mais leur âme est bien présente.

Le vizir respecta pendant quelques instants la contemplation du prince. Puis il lui conseilla de gagner le lieu où tous les enfants de Pharaon et des hauts fonctionnaires du palais recevaient la meilleure des éducations.

– Pourquoi se hâter ?

– Prince, tu peux revenir courir ici quand tu le souhaites. Cette nécropole a même vu ton père, le grand Aménophis II, s'entraîner à l'arc. Ton grand-père Thoutmosis III y est venu vénérer ses ancêtres. Son propre grand-père, le premier des Thoutmosis, a accompagné là sa fille Hatchepsout pour lui faire découvrir le pays sur lequel il régnait.

L'arrivée de trois prêtres chargés du culte du dieu Sphinx troubla les pensées du jeune prince Thoutmosis IV Menkheperourê. Comprenant que le lieu serait bientôt envahi par le cortège de prêtres qui allaient rendre hommage à Harmachis, Thoutmosis IV ordonna de repartir en direction des anciens palais de Memphis.

– Je reviendrai, dit-il. Ces prêtres se dirigent vers le temple que mon père Aménophis II a fait construire en l'honneur du dieu Sphinx.

Le prince héritier longea quelques stèles que des fonctionnaires avaient fait graver et placer sur le plateau de Gizeh. Thoutmosis IV était venu si souvent s'entraîner dans cette nécropole qu'il les connaissait parfaitement. La plupart étaient illustrées du dessin des pyramides ou du sphinx. Mais Thoutmosis IV n'avait pas plus tôt frappé les flancs de son cheval de ses talons qu'il tira de nouveau sur les harnais en or en levant le bras pour prévenir sa suite qu'il comptait rester encore quelques instants à cet endroit.

Il écouta, à l'affût. Des nuages de sable entouraient le sphinx. Les prêtres, qui avançaient à pied, se protégeaient les yeux en s'entourant le visage d'un morceau d'étoffe en lin. Pendant la durée de la cérémonie, ils avaient laissé leur clergé où s'activaient aussi bien des paysans et des policiers que des artisans et des fonctionnaires.

Les prêtres *purs* ouvraient le cortège, suivis des prêtres divins. Puis venaient le serviteur des dieux, le scribe divin qui connaissait par cœur le déroulement du culte qu'il avait inscrit sur son rouleau de papyrus. Il tenait ses précieux renseignements sous le bras en marchant fièrement devant les membres du collège.

Tous portaient un pagne long. Rasés et épilés, ils s'étaient fait tondre les cheveux. Leur crâne nu, noirci par le soleil, permettait de les distinguer de leurs compatriotes. Bientôt arrivèrent des chanteuses qui agitèrent le sistre et les crotales. Elles avaient quitté pour la matinée leur demeure de Memphis à la demande du grand prêtre. Les femmes du clergé les rejoignirent. Celles-ci vivaient non loin des prêtres sous la surveillance de l'Adoratrice divine, responsable des prêtresses.

Thoutmosis IV ressentait une grande attirance pour les chanteuses divines qui fréquentaient parfois les tavernes des villes. Les prêtres, fils et petits-fils de prêtres, fermaient les yeux sur ces libertés. Ne racontait-on pas que Thoutmosis III et Aménophis II avaient vu bien d'autres dévergondages à Byblos où ils envoyaient des expéditions commerciales ?

Le prince avait entendu les futurs prêtres raconter de sordides histoires à leur professeur d'écriture ou de grammaire. Tandis qu'il suivait avec eux des cours sur les fonctions des dieux égyptiens, leurs effigies, leurs noms, leur histoire et leurs attributs, il avait découvert d'étranges récits. Alors qu'il les avait vus ôter leurs vêtements, se raser, se baigner, se recouvrir d'onguents et de parfums pour pénétrer dans le ciel divin, certains d'entre eux ironisaient encore sur la beauté et le libertinage de musiciennes asiatiques, recrutées pour des cérémonies religieuses.

Les prêtres allaient pénétrer dans une chapelle secrète où nul n'était admis pendant l'exercice du culte. Le grand prêtre prit l'encensoir et avança, toujours aussi lentement, vers le sanctuaire tout en purifiant les lieux qui l'entouraient. Il salua bas le dieu Sphinx, donnant le signal aux membres du clergé de se prosterner sur le sable. Puis il répandit des parfums sur la divinité, l'encensa et chanta des hymnes.

– Le grand prêtre va redonner vie à la statue divine, remarqua Thoutmosis qui n'avait pas encore le droit de pénétrer dans le *naos* pour laver et parfumer les statues divines, tâche à laquelle assistait Pharaon, chaque matin, et, s'il en avait le temps, trois fois par jour.

Les chanteuses se turent. Les offrandes furent brûlées avant que les purifications d'eau et de natron ne reprissent.

– Un jour, moi aussi, je laverai et purifierai les dieux.

Conscient que ces paroles pouvaient être mal interprétées, le prince ajouta aussitôt :

– Ne songeons qu'à Pharaon. Nous devons envoyer un message à Horus d'or, Seigneur des deux terres, pour l'informer de notre arrivée à Gizeh.

– J'allais précisément te le suggérer, dit le scribe royal avec beaucoup de respect en s'approchant de la monture de Thoutmosis IV.

– Fais ton travail, scribe.

– Le sable s'engouffre dans mon matériel. Il n'est guère facile de sortir les pains d'encre dans de telles conditions ! Dicte-moi ton message. Je tenterai de m'en souvenir.

– Je te fais confiance. Écris seulement à mon auguste père que je me réjouis d'arpenter une nouvelle fois les nécropoles de nos aïeux de Saqqarah à Gizeh.

N'osant attendre leur installation à Memphis, le scribe s'assit finalement en tailleur dans le sable et se laissa abriter par trois serviteurs qui étendirent des couvertures autour de lui, le protégeant ainsi des bourrasques de vent. Il n'était guère satisfait de son encre qui séchait trop vite. L'un de ses assistants faisait ramollir les pains d'encre au fur et à mesure. Un autre tenait le papyrus, un peu rêche, étendu devant lui. Il avait enroulé une écharpe autour de sa bouche et de ses oreilles.

Comme le lui avait indiqué le prince héritier, le scribe n'écrivit que le strict nécessaire. Il traçait ses lettres de gauche à droite. Quand il voulut relire son texte à Thoutmosis IV, ce dernier, qui n'avait pas ouvert la bouche depuis la réponse qu'il lui avait faite, leva la main pour exiger le silence. Il observait les prêtres au crâne rasé, maintenant revêtus de peau de panthère, laissant l'une de leurs épaules dénudée, qui apportaient de nouvelles offrandes à la divinité Harmachis.

La lumière de l'aube était si blanchâtre et si peu nette que leurs formes paraissaient floues. Thoutmosis IV semblait rêver en voyant ces personnages presque irréels apporter en file des corbeilles en osier remplies de fruits et de fleurs, de cuisses de bœufs, d'animaux tués à la chasse et de vases en albâtre remplis de parfums. Leurs aides suivaient en tenant à deux mains, avec d'extrêmes précautions, de petits coffres en bois et en ivoire d'où dépassait un pan d'étoffe pourpre enveloppant quelque collier en turquoise et en or ou un bracelet assorti, d'un grand prix.

Les sons chauds d'un tambourin et ceux, plus nasillards, d'une flûte qui s'élevèrent doucement comme pour charmer un cobra sortirent Thoutmosis IV de ses étranges pensées. Il s'étonna de voir encore le scribe qui attendait sa réponse au pied de son cheval. Les prêtres entonnaient un hymne monotone.

– Que Rê éblouisse ton savant esprit. Inutile de me relire ces lignes.

Il fit appeler un messager qui avait la réputation d'être

si rapide et si malin que le pharaon Aménophis II l'avait choisi comme héraut de la cour.

– Prends ce rouleau et porte-le à ton maître, Seigneur des deux terres et du plus vaste territoire qui soit.

Vêtu d'un modeste pagne blanc, le coursier se courba devant le prince en mettant la main à sa poitrine.

– Je vais filer plus vite que le vent. Grâce au souffle puissant, mon navire voguera très vite vers Thèbes.

– Prends plutôt ta monture et galope dans le désert...

– Prince, Pharaon a-t-il eu une seule fois l'occasion de se plaindre de mes services ?

– Pas que je sache, par Thot ! Pourquoi parles-tu comme le serpent qui esquive l'obstacle ?

– Parce qu'il est préférable d'utiliser le vent que font souffler les dieux et de naviguer rapidement plutôt que de l'affronter en plein désert.

– Tu es sage et astucieux. Que le savant Thot te guide et t'accompagne jusqu'au palais thébain. Tu peux partir tout de suite.

– Prince d'une si belle lignée, souhaites-tu une réponse ? Veux-tu transmettre un autre message à ton auguste père ?

– Non. Mais reviens vite. Je peux avoir besoin de tes services !

Comme le héraut s'apprêtait à enfourcher sa monture, Thoutmosis IV l'interrogea encore.

– Toi qui es subtil et malicieux, dis-moi ce que tu ressens en cet instant précis.

– Cette atmosphère ouatée nous contraint presque à murmurer. Sans doute parce que Rê n'exprime pas totalement sa puissance et que des nuées voilent ses rais d'or. Cette musique apaisante, ce culte qui se prépare, ces mélopées plus ou moins fortes qui nous submergent comme des vagues sur une plage dégagent de troublantes impressions. Ces prêtres avancent si lentement qu'ils paraissent marcher au-dessus du sable comme dans un songe...

Les yeux de Thoutmosis IV s'illuminèrent.

– Ta sagacité me plaît, messager. Tu mériterais mieux que d'être coursier de Pharaon.

– Je suis fier de cette honorable fonction que m'envient bien des Égyptiens ! Je peux me targuer d'avoir rendu bien des services à notre roi tout-puissant. De la rapidité de mes courses dépend parfois l'issue d'une bataille

– Je ne voulais pas te blesser. Mais bien que ta fonction soit essentielle et que tu l'accomplisses à merveille, je pense que tes réflexions avisées pourraient également être mises à profit. Maintenant, va ! Nous en reparlerons...

Le messager, flatté, monta si vite sur son cheval et gagna si rapidement la piste menant à l'embarcadère que Thoutmosis IV ne vit bientôt plus que la poussière dense qui accompagnait son départ.

– Ce fonctionnaire intelligent m'a fait une description juste. Et pourtant... Il n'a manifestement pas ressenti ce que moi, prince héritier, je ressens en ce moment. Il se passe ici des faits mystérieux que je compte bien découvrir.

II

Les appartements des enfants du roi et des souverains étrangers dont les territoires appartenaient à Pharaon étaient en pleine effervescence. Les cours avaient été interrompus par l'arrivée du prince héritier dont tout le monde s'accordait à vanter les mérites. Le palais de Memphis n'avait pas gardé la splendeur des anciens temps, époque où les pharaons construisaient des pyramides pour leur vie dans l'Au-Delà. Mais les fils de hauts fonctionnaires y recevaient, en compagnie des enfants de rois, une éducation parfaite.

Depuis que Pharaon avait décidé d'habiter le plus souvent possible dans le nord de l'Égypte et de se rendre régulièrement à Memphis, la ville du dieu Ptah, plutôt que de résider à Thèbes, les cités proches de Gizeh s'embellissaient chaque jour. Memphis grouillait de commerçants, de marchands ambulants, de professeurs itinérants, d'acrobates, de caravaniers. Les marchés attiraient une foule disparate d'Égyptiens et d'étrangers, séduite par les étoffes, les parfums, les épices et les fruits. Dans les ruelles étroites, des cordonniers réparaient des sandales, des boulangers transportaient leurs miches de pain et leurs gâteaux au miel, des bouchers découpaient leurs morceaux de viande, des vendeurs d'aromates faisaient brûler de l'encens.

Après avoir appris les anciens textes des sages égyptiens, les fils de hauts fonctionnaires s'entraînaient avec les princes à la chasse et dans de nombreuses disciplines sportives. Ils savaient tous tirer à l'arc, lutter entre eux, lancer les traits avec force.

*
**

L'Égyptien qui surveillait les appartements des princes et des enfants de la noblesse se précipita pour saluer Thoutmosis IV. Mais l'héritier du trône d'Égypte ne lui accorda aucune attention. Il semblait encore bouleversé par ce qu'il avait vu sur le plateau de Gizeh.

– Qu'on m'apporte de l'eau parfumée, des senteurs, des cônes de myrrhe... Je veux me rafraîchir, ordonna-t-il sans répondre aux honneurs qu'on lui rendait ni aux salutations qu'on lui adressait.

Comme le personnel ne bougeait pas, Thoutmosis se rendit compte de sa rudesse.

– Bien que notre voyage ait été agréable et rapide, j'ai envie de me faire masser par les femmes les plus expérimentées du palais, dit-il très calmement.

– Tout est prêt, maître. Les cruches pleines d'eau parfumée, les récipients d'eau citronnée, les senteurs, les pommades, les pots à fard. Le barbier rendra ta peau douce et rafraîchira ton menton et tes joues. Le masseur relaxera tes muscles. Les femmes passeront sur ton corps nu une mixture mousseuse qui te comblera. Rasé, peigné, épilé, maquillé, tu seras le plus séduisant de tous les princes. Lorsque nous avons appris ta venue, nous avons donné des ordres en conséquence. Prends donc du plaisir et, si tu souhaites quelques femmes asiatiques ou égyptiennes, dis-moi le nombre qui te conviendrait. Si tu le permets, je les choisirai moi-même et te les enverrai.

– Qu'Horus te soit favorable ! Mais j'ai d'autres projets. Nous en reparlerons ce soir.

– Je vois bien que notre jeune maître paraît préoccupé. Il est, d'ordinaire, plus insouciant et plus enthousiaste.

– N'attends pas d'explication.

– Le fils du Faucon pourrait, cependant, nous rassurer sur son état de santé.

– Eh bien soit, par tous les dieux ! Devant Amon, Ptah et Rê, je déclare que je ne me suis jamais aussi bien porté. Cela te convient-il ?

– Je te crois et je m'en réjouis. Le prince est peut-être touché par les faveurs d'Hathor...

– Ta curiosité te perdra ! Même si mon cœur battait pour une femme, tu n'en saurais rien.

– J'ose te parler ainsi parce que je t'ai vu enfant. J'oublie parfois que tu nous gouverneras demain.

– Le plus tard possible ! Mon père remplit si bien sa fonction que je doute de l'égaler un jour ! Je n'aime guère les responsabilités.

Entouré de sa garde personnelle, Thoutmosis allait rejoindre les pièces qui lui étaient assignées.

– Qui est cette femme ? demanda-t-il soudain comme s'il prenait enfin conscience de l'endroit où il se trouvait.

Une très jeune femme, entourée de deux étrangères qui riaient aux éclats, profitait de la fraîcheur et de l'ombre de la cour du palais entourée de hautes colonnes papyriformes. Très mince, elle avait la peau mate et de très longs cheveux noirs. Elle respira un lotus et le plaça dans ses cheveux. L'une des autres adolescentes l'aida à l'attacher avec un turban sur le côté de sa chevelure.

Thoutmosis tenta d'écouter leurs paroles. Mais il parut vite agacé par leurs rires. Avant même qu'on ne lui répondît, il ajouta :

– Dites-lui de venir me retrouver ! Je n'ai pas beaucoup de temps et j'ai bien l'intention de repartir vers la nécropole de Gizeh. Qu'elle vienne après les massages !

– Mais il s'agit...

Le prince se trouvait déjà au bout du couloir. Il marchait d'un pas décidé, la tête haute, la main sur l'arme attachée à sa ceinture d'or. Personne n'osa faire la moindre réflexion.

« Que se passe-t-il ? se demanda le responsable de l'éducation des princes. Jamais encore Thoutmosis ne s'est comporté ainsi. »

Thoutmosis IV attendit que les portes s'ouvrissent devant lui. Dès qu'il approchait, les gardes décroisaient leur lance et la tenaient droite contre leur corps tandis que des serviteurs rabattaient les montants des lourdes portes en bois.

« Il a déjà l'allure d'un roi, se dit le scribe royal habitué à travailler pour Aménophis II. Il ne sera pas toujours d'un caractère facile mais il sera droit et juste comme Maât ! C'est la principale qualité d'un bon souverain ! »

Pour l'avoir vu tirer de l'arc et courir sur le plateau de Gizeh, le scribe savait aussi qu'il égalait son père dans les exercices sportifs. « Aménophis II a montré récemment à son peuple ses capacités physiques. Son fils trouble toutes les femmes de la cour par sa beauté et sa prestance. On le compare même à un dieu. Pharaon a transmis à son héritier force et vigueur. Bien qu'il n'en soit pas encore conscient, il fera chavirer tous les cœurs, des prisonnières aux princesses étrangères. Quant aux ennemis, je doute qu'ils osent l'affronter. Notre prince sait déjà manier les armes comme un vieux général Il est astucieux comme un singe, fort comme un taureau, rapide comme une gazelle, agile comme un aigle. »

Thoutmosis IV fut entouré des meilleurs soins. On le dévêtit et on le guida vers une salle de bains communiquant avec sa chambre. Il laissa deux jeunes filles nues répandre sur lui une eau fraîche aux parfums de rose. L'une d'entre elles frottait ses épaules avec une mixture à base de natron et de cendre qu'elle fit légèrement mousser. Une autre lavait son dos et ses jambes.

Thoutmosis ferma les yeux et revit le Sphinx dans les nuées matinales de Gizeh. Il se sentait si attiré par cette forme gigantesque et mystérieuse qu'il ne voulait pas retarder une nouvelle rencontre avec le dieu. On l'essuya avec des linges en lin frais et parfumés de myrrhe. Puis il s'étendit pour se laisser masser. Pendant qu'un Égyptien corpulent et musclé malaxait la peau du prince, deux musiciennes étaient entrées dans l'appartement. Elles jouaient du tambourin et chantaient doucement.

Thoutmosis se serait volontiers endormi. Mais après s'être laissé raser et peigner, il refusa de se restaurer.

– Inutile de refaire mon maquillage. Nous verrons cela avant le banquet. Il est tant de s'entraîner et d'affronter la poussière du terrain !

*
**

Le dieu Sphinx était si présent à son esprit qu'il en oublia même la jeune femme de la cour. Contrairement à son père, le prince gardait volontiers la tête nue lorsqu'il sortait du palais. En revanche, il lui arrivait de choisir des perruques courtes entourées d'un bandeau qu'il attachait derrière la tête et dont les extrémités retombaient sur ses joues. Il portait volontiers un devanteau en métal et en perles à sa ceinture d'or, qui n'était pas aussi large ni aussi belle que celle du roi.

Pour les cérémonies et les banquets, Thoutmosis attachait lui-même ses colliers de pièces d'or et de perles aux fermoirs à tête d'Horus. La forme des perles, ovale ou ronde, faisait l'objet de maints commentaires avant d'être sélectionnée. Le prince aimait les colliers lourds et imposants qu'il plaçait à côté d'un large gorgerin multicolore. Ces parures étaient assorties à de multiples bracelets que l'héritier mettait aux chevilles, en haut des bras et aux poignets. Il lui arrivait même d'enfiler une tunique resserrée à la taille par une ceinture dorée sous laquelle se devinaient les formes de son pagne.

Quand il venait de voyager, Thoutmosis aimait rester avec ses sœurs. Il lui arrivait de les accompagner en promenade sur le Nil, de prier les dieux avec elles, d'écouter en leur présence les doléances des ambassadeurs que Pharaon devait ensuite recevoir, de goûter de nouvelles pâtisseries au dîner et à l'heure où le soleil est le plus haut dans le ciel.

Thoutmosis était moins distant que son père à l'égard des femmes. Quand le prince et le roi se retrouvaient ensemble dans la résidence royale, ils prenaient le temps de vivre à leur gré. Les banquets, agrémentés de très bons vins miellés, se prolongeaient. Les fêtes se multipliaient. Les cuisiniers créaient des plats épicés. Le roi jouait au senet ou s'entourait de savants, de conteurs passionnants, de généraux et de voyants qui lui présidaient son avenir.

Mais le moment des distractions n'était pas arrivé. Thoutmosis donna ses ordres pour partir immédiatement à Gizeh.

– Pashed est-il prêt ?

– Il t'attend dans la cour.

– Qu'il se mette en tenue ! Nous partons à l'entraînement !

Puis il monta sur son char et fit signe à sa garde de le suivre.

– Te voilà, Pashed ! Allons-y !

– Ton enthousiasme me réjouit. Ce n'est pas dans tes habitudes de repartir pour le désert en arrivant ici !

– Ne me dis pas que tu refuserais une course dans le désert !

– Il n'en est pas question !

III

Pashed encouragea son cocher à lancer son char au galop.

– Dès que nous aurons franchi cette porte, je veux que tu n'en ménages ni les essieux ni les roues !

Thoutmosis fit de même. Tous ceux qui se trouvaient sur leur passage prirent soin de les laisser passer.

– Plus vite ! cria Thoutmosis à son cocher quand ils furent à l'extérieur.

Dès qu'il arriva à Gizeh, Thoutmosis s'empara de son arc et marcha d'un bon pas vers une cible en métal.

– Tu es très loin... remarqua Pashed qui l'avait distancé à la course.

– Je le sais. Mais les dieux m'ont envoyé un signe et une force hors du commun. Ce n'est pas parce que tu es mon compagnon d'entraînement depuis des années que tu l'emporteras toujours ! Si tu es expérimenté et rusé, je suis plus résistant que toi !

Pashed le lui accorda volontiers.

– Tu t'es montré bien discret en arrivant au palais, lui dit-il. Pourquoi voulais-tu revenir ici aujourd'hui ? L'entraînement n'est qu'un prétexte. Je te connais...

Thoutmosis IV lui adressa un charmant sourire.

– Ne te sens pas offensé si je ne t'ai guère adressé la parole. Je n'ai rien à te reprocher. Je me demande seulement ce qui se passe ici.

Le prince montra avec son arc toute l'étendue du plateau. D'où ils se trouvaient, ils pouvaient contempler les quelques maisons abritées par les palmiers construites au pied de la nécropole désertique, isolée du monde des vivants.

– Je ne comprends pas, par Thot. Pourrais-tu être plus clair ?

Thoutmosis visa la cible aux reflets argentés qui l'aveuglait presque sous le soleil. Bien qu'il tirât sans s'être concentré, la flèche atteignit son but. Il recommença à plusieurs reprises avec la même réussite.

– À toi ! dit Thoutmosis IV à Pashed en lui tendant son arc.

– Tu me défies à tort car tu sais combien j'excelle dans cette discipline même si je rapporte moins de lions et de gazelles que toi lorsque nous partons chasser.

– N'est-ce pas le résultat qui compte ? Quand nous combattrons, mon scribe comptabilisera plus de mains et de phallus d'ennemis que le tien, preuve que tu es inférieur au prince héritier.

– Je le suis par la naissance. Mon grand-père n'était qu'un simple Égyptien alors que le tien régnait sur l'Égypte !

Voulant prendre sa revanche, Thoutmosis IV le défia de nouveau à la course. Tous deux remontèrent sur leurs chars et lancèrent leurs chevaux au galop sans avoir recours à leur cocher. Le sable se souleva sous les roues des véhicules mises à rude épreuve. Les chevaux, peignés et brossés, luisaient sous les rais brûlants. Jeunes, nerveux, l'œil vif et ardent, ils obéissaient à leurs maîtres avec résignation.

Les deux hommes galopèrent longtemps l'un à côté de l'autre jusqu'à ce que Thoutmosis IV prît l'avantage. Il avait manifestement retenu ses chevaux pour mieux les lâcher dans la dernière ligne droite.

– Tu as encore rusé, lui lança Pashed. Comment mes chevaux pourraient-ils rivaliser avec les tiens ? Ils viennent du Retenou et t'ont été offerts par un roitelet qui en prenait plus de soin que de ses enfants ! Tous les Égyptiens savent que les chevaux qui viennent de cette région sont les plus beaux et les plus rapides du monde !

– Ne sois pas mauvais perdant, Pashed !

Thoutmosis IV avança lentement jusqu'à la représentation du dieu Harmachis. Sans rien ajouter, il s'étendit devant les pattes du sphinx et ferma les yeux.

– Que t'arrive-t-il ? lui demanda Pashed. Serais-tu déjà fatigué ? Voilà qui ne te ressemble pas !

– Le soleil arrive au plus haut de sa course. N'est-on pas confortablement installé à l'ombre du sphinx ? Laisse-moi me reposer quelques instants.

Pashed fut étonné par un tel comportement. Il hésita à s'éloigner, croyant le prince souffrant. Puis il finit par se retirer et s'assit un peu plus loin contre un pan de mur.

Thoutmosis IV dormit pendant une bonne demi-heure. Quand il se réveilla, il appela son ami avec enthousiasme.

– Tu me parais dans un meilleur état d'esprit que tout à l'heure !

– Pashed ! Je viens de faire un songe plus clair que l'eau du Nil. Crois-tu aux rêves ?

– Comme tous les Égyptiens !

– Le dieu Sphinx s'est adressé à moi. Il m'a demandé de le regarder et de l'écouter. Il s'est présenté comme mon père Harmachis-Rê-Atoum. Il veut me mettre à la tête de l'Égypte et me voir diriger les hommes. Il m'a affirmé que le pays m'appartiendrait dans sa totalité et que tout ce que Rê illumine serait à moi...

– N'est-ce pas ta destinée ?

– Sans doute, par Rê. Mais j'en ai maintenant la confirmation. Je vivrai longtemps, m'a assuré le dieu Harmachis.

– Voilà un excellent présage qui ne peut que me satisfaire. T'a-t-il dit autre chose ?

– Oui. Que toutes les récoltes et tous les produits d'Égypte seront également à moi et que je posséderai en plus tous ceux que nos tributaires m'apporteront des contrées étrangères.

Les traits du prince parurent s'affaisser.

– Il prétend que le sable va bientôt l'engloutir et espère voir ce présage se réaliser avant qu'il ne disparaisse !

– Tu pourrais remédier à cela...

– Je m'y emploierai d'autant plus qu'il m'a appelé « son soutien et son aide ». Il m'assistera, lui aussi, et me servira de guide.

Thoutmosis IV s'étira comme s'il sortait d'un long sommeil.

– Le soleil est toujours aussi haut ! J'ai, pourtant, l'impression d'avoir dormi très longtemps.

– Nous n'aurions pas retourné souvent la clepsydre si j'en avais pris une avec moi ! Non, en réalité, personne ne s'est encore inquiété de notre absence !

– La divinité m'a également conseillé de me rendre au

Sinaï. Dans mon rêve, je voyais de grandes étendues de sable qui n'en finissaient pas...

Pashed éclata de rire.

– Voilà qui n'est guère étonnant en Égypte !

– Il ne s'agissait pas du sable blanc ou doré que l'on trouve à Saqqarah, à Gizeh ou à Thèbes. Il était rosé et couvrait des monts gris, peu accueillants et élevés. Je me retrouvais seul dans un endroit plutôt hostile...

– Hostile ? Il s'agirait donc de la Nubie ?

– Non. Les paysages étaient différents, le ciel presque violet. Des nomades tentaient d'y attaquer des chercheurs de pierres...

– Ta description me fait penser au Sinaï.

– Il y avait deux entrées de mines.

– Les mines de turquoise...

– Le dieu m'incitait à recueillir la turquoise. Pendant mon règne, je devais ouvrir des mines. Je me voyais aussi devant Hathor...

– La déesse de la turquoise.

– Un gouverneur se tenait derrière nous tandis que je lui rendais hommage. Sur une stèle, je reconnaissais Ouadjit et le messager de mon père, Amenemhat. Plus loin apparaissait un obélisque d'une grandeur incroyable !

– Un obélisque au Sinaï ?

Thoutmosis IV prit son ami par le bras.

– Rejoignons nos chars. Que penses-tu de ce monument en plein désert ?

– Il s'agit sans doute d'un message précis.

– En réalité, il m'a paru immense, beaucoup plus grand que les autres obélisques. Il avait une faille... Oui ! Je crois bien qu'il s'agissait d'une longue brèche...

– Ne serait-ce pas l'obélisque que ton grand-père

Thoutmosis III ou la reine Hatchepsout voulait faire transporter dans le temple de Karnak et qui fut abandonné dans les carrières ?

– Peut-être... Le dieu me conseillerait-il de le placer à l'endroit qui lui était assigné ?

– Ton père, le grand pharaon Aménophis II, a-t-il suggéré un tel projet ?

– Jamais. Je crois même qu'il a complètement oublié l'existence de cet obélisque, répondit Thoutmosis IV.

– Les prêtres de Karnak ne doivent guère apprécier cette manière de faire...

– Ainsi donc, tu penserais que le dieu Sphinx me transmet là un message important...

– Je crois que tu ferais un excellent pharaon si tu étais moins rêveur.

Ils montèrent dans leur char en se lançant de nouveaux défis. Leurs fouets claquèrent dans l'air sec. Les chevaux se ruèrent vers Memphis. Debout dans la caisse de leur véhicule, ils ne perdaient jamais l'équilibre. Les muscles de leurs mollets saillants sous leur peau brunie par le soleil, les muscles des épaules et des bras gonflés par l'effort, le geste sûr, les pieds légèrement écartés, ils bravaient tous les obstacles avec une telle assurance qu'on imaginait combien avaient été rudes leurs leçons d'apprentissage.

IV

Thoutmosis IV avait également vu en rêve bien des scènes dont il n'avait pas parlé à son ami. Il avait, pourtant, l'habitude de tout lui confier.

Tout en reprenant le chemin de Memphis, il se posait de nombreuses questions. « Pourquoi la mère de Pashed, l'Épouse secondaire de mon grand-père Thoutmosis III, m'est-elle apparue ? Pourquoi arpentait-elle les monts du Sinaï en compagnie d'un inconnu qu'elle appelait Ishtariou ? Je voyais cet homme lutter contre l'armée de mon grand-père et tenter de le tuer. Je le retrouvais aussi à la cour royale, conseillant le vénérable Thoutmosis III. »

Thoutmosis IV resta sceptique devant tant d'incohérence. « Soit cet Ishtariou dont je n'ai jamais entendu parler était l'ennemi de mon grand-père, soit il était son conseiller. Que signifie ce message ambigu ? Les dieux et les prêtres qui interprètent leurs signes sont souvent abscons. Devrais-je demander de l'aide au grand prêtre de Karnak ? »

Mais son intuition le persuada qu'il ne s'agissait pas d'une bonne idée. « Le dieu s'est adressé personnellement à moi. S'il avait voulu le faire par le truchement d'un prêtre, il aurait agi autrement. Je dois comprendre cette énigme. La divinité Sphinx est toujours mystérieuse. Mais je dois être suffisamment malin pour trouver la clé du message. »

– Cet Ishtariou avait également un lien avec le pays du Mitanni, ennemi de mon grand-père. Il connaissait parfaitement Amenpafer, le protégé de Thoutmosis III et le frère de Sheribu, qu'Aménophis a tous deux gardés à la cour thébaine. J'avoue qu'Amenpafer ne m'est pas antipathique.

– Que murmures-tu entre tes lèvres, Thoutmosis ?

– Rien. Je pensais à haute voix.

– Et tu évoquais ma mère !

– Pashed, tu restes avant tout le fils de mon grand-père Thoutmosis III !

Pashed rougit et n'ajouta mot.

– Tu trouves sans doute, toi aussi, que ma mère, Sheribu, est trop élogieuse à mon égard et qu'elle me donnerait bien ta place si elle en avait le pouvoir.

– Non. D'autres Épouses secondaires et de nombreuses femmes du harem de Thoutmosis III ont eu des fils qui sont tous nos demi-frères. Je n'en redoute aucun car je suis l'héritier, celui à qui la reine Méryrêt-Hatchepsout II, la fille d'Hatchepsout et de Thoutmosis II, a transmis le sang royal. Mon père me rappelle souvent que le fils de l'Épouse secondaire Kertari, le vaillant Rêthot, était un des favoris de Thoutmosis III. Mais il est mort au combat. Mon grand-père a conçu son fils aîné avec Sobek, la fille de sa nourrice. Malgré les ambitions de sa mère, je ne le redoute pas. Il n'aura jamais l'appui des prêtres d'Amon, dieu tout-puissant de Thèbes.

Pashed l'approuva. Malgré les manœuvres de nombreuses femmes du harem qui avaient reçu de Thoutmosis III le titre envié d'Épouses secondaires, il connaissait la supériorité et l'assurance du prince. Sa mère, Tiâa, la Grande Épouse royale, avait également les faveurs du peuple.

Thoutmosis IV poursuivait son chemin en silence.

– Le songe que t'a envoyé le Sphinx t'a manifestement impressionné. Te voilà encore dans les nuées de Rê !

– En réalité, puisque tu veux tout savoir, je songeais en effet au message que m'a transmis le grand Sphinx bâti par le pharaon Kephren. Sais-tu où mon père, le grand Aménophis II, a appris le début du voyage de son père Thoutmosis III pour l'Au-Delà ?

– Comment le saurais-je ? Ma mère ne me l'a jamais raconté et je ne l'ai pas lu dans les archives royales.

– Mon père, Aménophis, Horus d'or, était venu étudier à Memphis comme nous le faisons aujourd'hui. Il vaquait à ses occupations en toute quiétude lorsqu'un messager lui a fait part du départ de Thoutmosis III pour les champs d'Ialou. Ne trouves-tu pas cette coïncidence étrange ?

– Quelle coïncidence ? demanda Pashed qui ne semblait guère troublé par le rêve de son ami.

Le prince héritier avança son char et se rapprocha de Pashed.

– Je ne souhaite pas que ceux qui nous ont rejoints et nous suivent entendent nos propos. Je trouve curieux d'apprendre de la bouche du dieu que je serai pharaon pendant de longues années, précisément là où mon père a été salué roi pour la première fois.

– Memphis est restée la ville de nos plus grands pharaons ! Ton père Aménophis aimait venir y chasser.

Aujourd'hui, il préfère habiter Memphis que Thèbes. Ta mère, Tiâa, partage ses goûts.

– Ma mère le suivrait partout sans émettre une plainte.

– Ce plateau a vu tous les pharaons de l'Égypte ! Je ne suis pas étonné que tout recommence éternellement ici même.

– Tu as raison...

Les deux Égyptiens restèrent un instant silencieux.

– À ton avis, dois-je parler à notre père de ce songe étonnant ?

– Ne risques-tu pas de le blesser ? Le pharaon est encore jeune. Il est vigoureux, habile à la guerre et à la chasse. Il y verrait peut-être un mauvais présage, une disparition imminente... Si la rumeur se répand, elle risquerait d'affoler les populations. Tu sais qu'Aménophis consulterait immédiatement un prêtre qui répéterait tout à l'envi. Ces hommes jurent toujours de rester silencieux alors qu'ils font circuler les confidences dans tout le pays. Les Égyptiens seraient tous informés de tes songes. Ils auraient vite fait d'avancer que tu vas bientôt succéder à ton père. Les rumeurs l'emportant souvent sur les véritables informations, certaines peuplades étrangères croiraient que Pharaon a rejoint sa tombe de la Vaste Prairie.

– Tu es assez astucieux, Pashed ! N'en parlons plus ! Je préfère songer au festin que nous allons faire ce soir et aux Égyptiennes qui vont accompagner nos réjouissances !

– Je te retrouve ! J'avais l'impression que tu n'avais même pas vu les magnifiques jeunes femmes qui sont arrivées hier du Mitanni. Tu aurais pu déclencher un incident diplomatique en refusant de les saluer.

Thoutmosis IV lui demanda de s'expliquer.

– La fille du roi du Mitanni s'est déplacée en personne. Elle est accompagnée d'une partie de sa cour et de deux ambassadeurs mitanniens. Ton arrivée étant annoncée, elle attendait sans doute que le prince la reçût.

– Personne ne m'en a parlé. Tu sais que je respecte le protocole.

– En as-tu seulement laissé le temps à ceux qui t'ont accueilli ?

Le prince parut réfléchir. Il avait retrouvé son sourire radieux. Les exercices sportifs avaient rosi ses joues.

– J'ai bien aperçu de belles femmes en longeant une des cours du palais mais personne ne m'a donné leur nom.

– L'aurais-tu seulement entendu ?

– Crois-tu que le Sphinx m'a troublé à ce point ? Aucune beauté ne m'est indifférente. Je descends de pharaons qui possédaient de nombreux harems. Quel roi a eu plus de femmes que Thoutmosis III ? Elles venaient de tous les pays !

Ils progressaient sur une large piste au milieu des palmiers. La proximité du Nil rendait la région extrêmement fertile. Ils distinguèrent bientôt les premières maisons de Memphis. Les paysans tiraient les seaux des chadoufs en argile. Quand ils reconnurent le char royal de Thoutmosis, ils se précipitèrent vers la piste pour le saluer. La plupart se prosternèrent, le front contre le sol.

– Tu es très populaire, Thoutmosis, reconnut Pashed.

– Je le dois à mes vaillants prédécesseurs. Les Égyptiens vénèrent encore mon aïeul Ahmose.

– Ahmose est devenu un dieu. Le peuple égyptien l'honorera à travers les siècles.

Sans oser approcher de la garde, les femmes, qui retenaient contre elles leurs enfants, observaient le prince en silence. Elles semblaient redouter la sévérité des fonctionnaires et la police de Memphis.

Sur le modèle de son père, Aménophis II avait fait aménager quelques jardins, planter des fleurs et des oliveraies envahies par les chiens, les chats, les singes et les oies qui dévoraient aussi les dattes des voisins. Très attachés aux animaux, les Égyptiens ne sacrifaient plus aux dieux les oies de leur village. La plupart erraient d'une maison à l'autre à l'affût d'un fruit ou d'un sac de semences mal fermé.

– La nuit va être tiède. Je me sens d'excellente humeur, avoua Thoutmosis en observant les policiers qui faisaient reculer la foule sur son passage.

– Memphis est agréable à nos cœurs. J'aime, moi aussi, me retrouver ici après un séjour à Thèbes.

Thoutmosis se remit alors à songer à la jeune femme qu'il avait entrevue au palais. « Ferait-elle partie de la cour mitannienne ? »

V

Au milieu des chants et des rires qui envahissaient le palais thébain, Tiâa ressentit un étrange malaise. Douce et modeste, l'Égyptienne bénéficiait des égards et des faveurs du roi Aménophis, deuxième du nom, depuis de nombreuses années. Ce privilège n'allait pas sans quelques désagréments qui s'affirmaient lorsque Aménophis partait chasser dans le nord de l'Égypte, laissant seule Tiâa face à ses détracteurs ou à des femmes envieuses.

Aménophis II avait gardé à son service de nombreux fonctionnaires de Thoutmosis III. Mais, certains, trop âgés, avaient préféré décliner son offre et laisser la place à leur fils ou à des fonctionnaires plus jeunes. D'autres avaient suivi de près le départ de Thoutmosis III pour l'Au-Delà.

Tiâa appréciait le soutien de son proche collaborateur Amenpafer, demi-frère de Sheribu qui avait intégré le harem d'Aménophis II.

Malgré les plans mis en place pour la déstabiliser, Tiâa, qui ne paraissait pas aimer les polémiques, entendait tout sans broncher. Très éprise d'Aménophis, elle en oubliait les médisances. Peut-être même ne les percevait-elle pas. Mais l'atmosphère lui semblait, ce soir-là, plus pesante qu'à l'accoutumée. Elle avait l'impression qu'un événement important, plutôt funeste, allait se produire. Afin de retrouver sa sérénité, elle décida de s'apprêter et de discuter ainsi avec quelques-unes de ses suivantes.

***

Non loin de là, l'une des épouses secondaires de Thoutmosis III, Sobek, n'en finissait pas d'échafauder des plans.

Les années l'avaient rendue plantureuse et amère. Le pharaon Thoutmosis III l'avait délaissée à l'adolescence pour lui préférer des femmes plus belles ou des étrangères qu'il ramenait de ses campagnes.

Cherchant dès lors à tirer le maximum d'avantages de cette liaison sans lendemain de laquelle était né un fils, Sobek avait veillé pendant de nombreuses années à son éducation. Elle avait surveillé avec attention les exploits de son enfant, l'aîné des fils de Thoutmosis III, et espérait toujours, malgré son âge, qu'il devînt un jour pharaon d'Égypte.

– Je suis étonnée de la popularité d'Aménophis II, dit-elle une nouvelle fois à son fils... Il n'a encore rien fait sinon de repousser les Nubiens qui se révoltent éternellement contre nous. Il ne s'agit pas vraiment là d'un exploit ! On prétend même qu'il aurait perdu des territoires en Asie, ce dont il ne s'est pas vanté. Or, les Égyptiens paraissent l'aimer davantage encore que son père Thoutmosis III.

– D'où tiens-tu de telles informations ?

– J'ai entendu une conversation entre le vizir et le scribe royal. La campagne d'Aménophis en Asie n'a pas été une réussite. Si tu avais accompagné l'armée égyptienne, tu aurais été au courant de ces péripéties. Au lieu de quoi, nous sommes contraints d'accepter ce que veut bien nous laisser croire le roi...

– Penses-tu réellement qu'il tromperait les Égyptiens alors que des milliers de témoins pourraient le contredire ? lui demanda son fils.

– À y bien réfléchir, Aménophis ne semblait guère satisfait à son retour d'Asie.

– Mais il a organisé une grande fête et distribué des récompenses aux plus méritants comme il le fait généralement. Il a honoré les dieux. Il a rapporté d'Asie des butins importants.

– Tout cela ne signifie pas qu'il a su préserver intact le territoire égyptien et qu'il est aujourd'hui capable de donner à son héritier une terre aussi grande que celle qu'il a reçue de Thoutmosis III !

– Même s'il ne s'est pas imposé dans toutes les régions, notre pays contrôle manifestement bien des contrées soumises par Thoutmosis III. Les tributaires viennent nombreux au palais de Memphis ou à Thèbes. Ils semblent dévoués et dociles.

– Aménophis II mérite-t-il, cependant, cette grande popularité qui le place au-dessus de ses demi-frères ?

– Pourquoi le regrettes-tu ? Il est préférable que les Égyptiens aiment et vénèrent leur roi et les membres de la famille royale.

Ces réflexions agaçaient profondément Sobek.

– Faut-il te rappeler encore une fois que les dieux t'ont choisi pour être le fils aîné de Thoutmosis III ? Je suis la première femme à avoir attendu un enfant de lui ! Je suis l'une des premières qu'il ait aimée. Sans doute même n'en a-t-il aimé aucune autre avant moi. Il était passionné et tendre avec moi.

– Mais il était très jeune...

– Que sous-entends-tu ? Tu es l'aîné. Tu devrais être pharaon !

– Tu n'es pas Grande Épouse royale, mère. Ton titre d'Épouse secondaire est déjà important mais il ne suffit pas à faire de moi un pharaon ! Le roi est extrêmement bon avec nous. Son règne est heureux. Je ne demande rien de plus. J'ai ici de hautes fonctions. Aménophis II t'a laissé les biens que t'avait donnés Thoutmosis III. Tu n'as rien changé à ton genre de vie. Quant à Aménophis II, il a maintenant des héritiers. Que peux-tu encore espérer ? Pourquoi les divinités te tourmentent-elles sans cesse ? Songe que ton sort aurait pu être pire si la Grande Épouse Méryrêt-Hatchepsout II ou la Grande Épouse Tiâa n'avaient pas été aussi compréhensives. Elles connaissent tes pensées, que tu livres au tout-venant. Tu n'en as pas été punie pour autant !

– Crois-tu que Sheribu n'a pas, elle aussi, de grandes ambitions pour son fils Pashed ? Il est, pourtant, né bien après toi !

– Lui aussi est heureux de son sort.

– Il est plus âgé et plus malin que le prince Thoutmosis IV ! Sheribu a toujours su manœuvrer Thoutmosis III. Elle est dangereuse. Elle réussissait toujours à le convaincre de faire ce qu'elle voulait. Le roi était subjugué par sa beauté. Quand elle dansait, ses pupilles pétillaient tant que l'Égypte pouvait bien aller à sa perte. Il n'en avait cure !

– Tu exagères, mère. Thoutmosis III a toujours fait passer ses devoirs avant ses distractions. Jamais une femme, si belle fût-elle, ne l'aurait détourné de ses fonctions.

– Sauf Sheribu. Même lorsqu'elle tenta de le trahir, le roi lui a accordé son pardon.

– Précisément parce qu'elle attendait un enfant de lui.

– Je la sais redoutable. Son fils l'est sans doute autant qu'elle. Les adorateurs de Bastet ne font pas des adorateurs de Thot.

– Aménophis ne lui rend pas souvent visite au harem. Elle est âgée maintenant...

– Mais elle a gardé son charme dévastateur, ses yeux de chat, observateurs et sournois, ses manières langoureuses de femme comblée par la nature.

– Elle n'a pas le même pouvoir sur Aménophis que sur son père. Ses traits se sont fanés. En outre, le roi aime Tiâa et ne fréquente guère les femmes de ses harems.

– Tiâa n'a aucun charme ! Elle est fade et ennuyeuse. Aménophis a besoin de compensations. Il est comme tous les Thoutmosides, attiré par les femmes et les danseuses !

– Tiâa le comble. On la dit clémente et intelligente. Ses enfants sont beaux, instruits, courageux, très fiers de leurs ancêtres. Même si Sheribu avait les mêmes ambitions que les tiennes, je doute que Pashed accepte de lutter contre son ami Thoutmosis IV pour prendre le pouvoir en Égypte ! Ils ont partagé les mêmes cours. Ils s'entraînent ensemble.

– Les dieux peuvent peut-être favoriser les événements... J'ai entendu dire que le roi devait partir en campagne. Il emmenera sans doute avec lui le prince héritier. Le destin peut changer si vite.

– Oublierais-tu, mère, que je partirai aussi et que ma vie sera également en danger !

– Mais toi, tu sais te battre contre les plus cruels barbares ! Thoutmosis IV a peu d'expérience dans ce domaine. Chasser les lions est bien différent que d'affronter des milliers d'ennemis ! Quant à Aménophis, il n'est quasiment pas allé lutter contre l'ennemi depuis qu'il a pris le pouvoir !

– Mais il a eu un maître exceptionnel, son père Thoutmosis, le plus grand commandant de toute notre histoire !

– Nous verrons, mon fils. Je reste persuadée qu'Aménophis manque de caractère comme son épouse, qui est trop molle et trop ordinaire. N'oublie pas que, toi aussi, tu as été formé à l'école de Thoutmosis III, le vainqueur de dix-sept batailles !

L'Égyptien s'approcha de sa mère et la prit dans ses bras.

– Cesse de te tourmenter. Le moment n'est plus à la rivalité. Les dieux nous ont donné un roi sensible, cultivé et bon qui ne provoque pas la guerre. Nous sommes heureux ainsi. Je ne suis pas certain d'avoir apprécié la place d'Aménophis si je l'avais obtenue.

Sobek se montra découragée.

– Malgré tous les efforts que j'ai faits, tu me déçois terriblement.

– Je crois, pourtant, assumer la tâche que les dieux m'ont donnée avec beaucoup d'efficacité. Je sais conseiller le roi et suis devenu indispensable à la cour.

– Personne ne l'est sauf Pharaon !

VI

Quand il rentra au palais après sa séance d'entraînement Thoutmosis IV fut très étonné d'y retrouver son père. Il descendit aussitôt de son char et se précipita vers la salle du trône où le roi recevait les hommages de la cour.

S'approchant de son père, il le salua et lui dit combien il était heureux de le revoir si tôt. Les courtisans s'étaient écartés pour laisser passer le prince. La plupart tenaient un cadeau entre leurs mains.

– Ce voyage n'était pas prévu, dit le roi à son fils.

– Tu m'avais donné instruction de te prévenir dès que nous serions arrivés ici. Le messager est déjà parti.

– Il rassurera la reine Tiâa.

– Ainsi donc tu n'as pas résisté à l'envie de chasser à Memphis !

– Je ne suis pas venu pour cette raison.

En voyant le visage préoccupé de son père, Thoutmosis le pria de s'expliquer. Le pharaon hésita à parler devant les courtisans. Il les regarda attentivement et prit la décision de les faire sortir pour s'entretenir en privé avec le prince.

– Je vous recevrai aussitôt après cet entretien. Vous pouvez patienter à côté.

Comme les gardes restaient en faction, le roi leur ordonna également de se retirer.

– Ces mesures de précaution m'inquiètent, avoua Thoutmosis. Que vas-tu me révéler ?

Aménophis II le rassura.

– Je ne tiens pas à ce que le peuple soit au courant. Seul le vizir Pashed sait ce que je vais t'apprendre.

– Pashed ? Mais il était en ma compagnie ces derniers jours et il a été aussi muet que le Nil ! Pourquoi lui donnes-tu le titre de vizir ?

– Parce que je le lui ai promis. Ne serait-il pas le digne successeur de Rekhmirê ?

– Peut-être... Je sais que sa mère le souhaitait vivement. Quel plus bel honneur pour un homme qui a toujours servi dignement Pharaon ?

– Nous en reparlerons. Thoutmosis, l'Égypte est de nouveau menacée. Nous devons protéger notre pays et partir combattre. Je t'ai observé. Tu es prêt à lutter contre les plus farouches ennemis. Je veux que tu m'accompagnes. Mais, auparavant, tu dois connaître la situation. Je pensais te parler de tout cela à Thèbes. Hélas, la situation s'est aggravée et je suis contraint d'avancer notre départ. Je te donnerai des détails sur notre puissance pendant le banquet. Mais garde secrète la gravité de la situation.

– J'avais, moi aussi, quelques idées à te soumettre, Horus d'or. Ta présence me réchauffe le cœur.

Aménophis l'observa de son regard perçant. Il était curieux de savoir ce que son fils avait l'intention de lui dire. Le chambellan vint chercher les ordres du pharaon. Il l'informa que toute la cour, les fils de fonctionnaires et de princes étrangers attendaient le Seigneur du Grand Empire.

Aménophis, qui avait déjà revêtu son pagne d'apparat et qui portait les attributs du pouvoir, se leva, les bras croisés sur sa poitrine. Il tenait fermement le sceptre.

– Faites revenir la cour.

Il écouta les paroles flatteuses des Égyptiens et les convia au banquet du soir. Tous les Égyptiens présents se couchèrent sur le sol pour lui rendre hommage en formant une haie humaine. Thoutmosis IV se plaça sur le côté pour laisser passer son père. Quelques images furtives lui revinrent alors à l'esprit. Il se souvenait du rêve envoyé par le dieu Sphinx. Dans ce songe, c'était lui Thoutmosis IV qui avançait au milieu de la foule agenouillée.

N'osant en faire part à son père, il observa, toutefois, avec plus de précision les gestes du pharaon. Coiffé du némès, Aménophis avait choisi pour cette soirée des sandales dorées au bout recourbé. Hiératique et droit, il ressemblait plus à une statue qu'à un être humain. Son maquillage, rutilant de malachite, de turquoise et d'or, ajoutait une touche irréelle à son apparence. Thoutmosis IV aurait encore bien des leçons à apprendre pour devenir aussi stoïque quels que fussent les événements.

Les Égyptiens se relevèrent après le passage du roi et du prince. Ils suivirent le père et le fils jusqu'à la salle des banquets d'où émanaient de fortes odeurs de parfum. Les décorations, les statues, les sculptures, le sol et les tables de la pièce avaient été recouverts de pétales. De jeunes Égyptiennes en tenue légère lançaient encore des brassées de fleurs à terre en puisant dans de larges paniers tressés. D'autres, vêtues à l'identique avec des jupes à larges bretelles blanches qui laissaient voir leur poitrine, attendaient devant chaque table et chaque divan en portant des cônes et des pastilles de parfum sur des coussins pourpres. Ces compositions faites d'eau de senteurs et d'amidon commençaient à fondre sur les tissus, embaumant l'air d'une odeur tenace.

Ce mélange d'odeurs culinaires et de parfum ne déplaisait pas aux Égyptiens qui agrémentaient parfois leurs plats de sauce à la rose. Malgré le nombre d'invités, toute la cour entra en silence, les yeux braqués sur le roi et le prince héritier. Pashed marchait juste derrière eux. Thoutmosis se retint difficilement de le réprimander. Comment avait-il pu lui cacher ce que Pharaon lui avait appris ? N'étaient-ils pas amis depuis l'enfance ? Thoutmosis IV se contenta de se retourner discrètement en lançant un regard enflammé à Pashed qui comprit aussitôt cette expression familière du jeune prince. Il baissa la tête et jugea bon de remettre à plus tard les explications.

Thoutmosis IV prit place à côté de son père. Il était heureux de partager ce festin avec Aménophis sans avoir à tenir à des ambassadeurs invités un discours diplomatique. Les dîners thébains n'étaient pas aussi décontractés. Sa mère ou ses sœurs cherchaient à savoir ce qui s'y était dit. Ce repas le réjouissait.

Pendant que les cuisiniers apportaient les premiers plats, Thoutmosis IV fit part à son père de ses réflexions.

– Pourquoi n'ordonnes-tu pas de construire une nouvelle salle des fêtes à Karnak ?

Aménophis II le regarda sans comprendre.

– Mon fils, les dieux auraient-ils troublé ton esprit ?

Seul pharaon prend de telles décisions ! Tu n'es que le prince héritier ! Oserais-tu gouverner à ma place ?

Thoutmosis IV rougit.

– Que se passe-t-il ? demanda Aménophis. Tu sembles me cacher bien des détails...

Le roi se retourna vers Pashed qui baissa les yeux.

– Père, j'ai seulement songé que la cour actuelle du temple n'est guère accueillante.

– Et où donc aménagerais-tu cette salle ?

– Près du pylône de Thoutmosis II. Les peintres y représenteraient des scènes d'offrandes. Les portes du temple ont également besoin d'un coup d'éclat. Je les ferais redorer. Quant à l'ouserhat, la précieuse barque du dieu Amon...

– Elle est entretenue en permanence. Le grand prêtre Menkheperrêsen et le vizir Rekhmirê en avaient autrefois le plus grand soin.

– Je la trouve trop petite et pas suffisamment décorée.

Aménophis commençait à s'impatienter. Jamais encore son fils ne lui avait parlé ainsi.

– J'avoue que ton attitude me surprend, m'agace et me plaît en même temps. Je dois reconnaître que tu es astucieux car tu priviligies le temple de Karnak, qui est le plus aimé des Égyptiens. Mais tu entreprendras tout ceci si tu es un jour pharaon. Je ne juge pas utile de l'envisager aujourd'hui, même si l'Égypte est riche !

– Tu as sans doute raison puisque tu parles toujours sagement.

– Avant de songer à l'avenir, réglons les problèmes présents.

Les danseuses qui firent irruption dans la pièce aux sons des tambourins et des flûtes avaient adopté chacune à leur manière les coiffures habituelles des Égyptiennes. Certaines portaient des nattes ; d'autres des perruques courtes ; d'autres encore avaient préféré les cheveux longs. Toutes sortaient des mains de coiffeuses expertes qui avaient décoré leur chevelure de rubans colorés, de fleurs ou de turbans.

Leurs vêtements étaient tout aussi variés. Tuniques courtes ou robes longues et plissées en lin mettaient leur corps en évidence. Il était si rare qu'une danseuse se présentât vêtue de la sorte devant Pharaon que tous les regards convergèrent vers elles. Même Thoutmosis IV, qui se sentait honteux de s'être si mal exprimé devant son père, fut attiré par le mouvement général.

– Ces femmes auraient-elles peur de montrer leur corps à la cour ? dit Aménophis II en éclatant de rire.

Les femmes, qui entrèrent pour venir grossir le ballet, avaient la poitrine nue mais une jupe, retenue par de larges bretelles, n'en cachait pas moins leurs jambes.

– Voilà qui est mieux, approuva le pharaon. Nous sommes, cependant, très loin des danses habituelles... J'ai vu ta mère danser à la demande de Thoutmosis III, dit-il en se tournant vers Pashed. Sheribu envoûtait la cour entière par sa beauté, sa sensualité et ses dons. Elle était souple comme un chat. Peut-être même a-t-elle conservé ce talent qui la plaçait au-dessus des autres.

Pashed rougit. Il n'aimait guère qu'on lui rappelât les exploits athlétiques de sa mère.

Dans leurs tenues sages, les femmes exécutèrent quelques danses célèbres, plus appréciées du peuple que des courtisans puis elles commencèrent par ôter leurs bijoux. Tout en continuant à danser, elles déposèrent à leurs pieds des colliers en perles, des gorgerins rutilants de pierres semi-précieuses, des périscélides décorés de motifs délicats – feuilles, animaux, formes géométriques –, des bagues et des boucles d'oreilles extrêmement variées. Les cheveux de jais tranchaient avec la blancheur transparente des tuniques.

D'autres danseuses entrèrent en portant de petits vases d'albâtre pleins de senteurs. Elles dénudèrent leurs consœurs et répandirent les parfums sur leurs épaules.

– J'avoue que ce ballet ne me laisse pas indifférent, dit le roi à son fils. Qu'en penses-tu ? Tu parais bien songeur... Ces danseuses ne seraient pas à ton goût ? Si c'est le cas, dis-le-moi. Je les ferai renvoyer.

Thoutmosis IV les regardait ôter leurs ceintures et leurs sandales incrustées de fleurs en or avec un grand détachement.

– Père, je suis prêt à t'écouter. Je ne veux pas me laisser distraire tant que Pharaon ne m'aura pas tout révélé.

– Tu as retrouvé un ton plus adapté à ton titre. Laisse-moi profiter des plaisirs de la vie pendant quelques instants. Je te parlerai ensuite de la situation politique de l'Égypte.

Des cuisines venait une agitation fébrile. Des servantes apportèrent les plats de viande, de poisson et des pains de différentes formes qui sortaient des fours et qui dégageaient des odeurs appétissantes. Des serviteurs versaient dans des jarres en argile des quantités de vin et de bière impressionnantes. Chaque convive mangeait dans des récipients délicats en or ou en argent.

– Les courtisans attendent sans doute un discours de ma part, dit le roi. Je serai bref.

Aménophis II s'assit sur un siège royal dès que les danseuses se furent retirées. Il souhaita à tous les Égyptiens une bonne santé, les invitant à se réjouir sans réserve. Les Égyptiens, assis en couples, approuvèrent les paroles de Pharaon et acceptèrent les fleurs de lotus que leur tendaient les servantes. D'autres Égyptiennes ornèrent leur cou de guirlandes de fleurs odorantes et apportèrent des récipients en albâtre remplis d'onguents. Les hommes se laissèrent parfumer et masser sous le regard attentif de leur épouse.

– Goûte ce vin du Delta, dit le roi à son fils. Regarde les femmes ! Elles n'hésitent pas à vider leur coupe tout en écoutant les poèmes d'amour de ces artistes.

Quelques joueuses de flûte en tunique souple vinrent accompagner un des poètes. Parées de bracelets fins et modestes, elles ressemblaient aux jeunes musiciennes qui étaient représentées sur les murs et le plafond de la salle.

Thoutmosis se dit alors que la situation ne devait pas être aussi grave qu'il se l'était, tout d'abord, imaginé. S'il prenait le temps de se réjouir et de boire, son père ne devait guère être effrayé par les événements.

***

Le roi avait fait restaurer plusieurs salles du palais, qui était d'une superficie assez modeste. Les Égyptiens, riches ou pauvres, célèbres ou simples citoyens, préféraient construire leurs habitations en argile plutôt que de dépenser une fortune avec des matériaux rares et solides. À leurs yeux, ces habitations n'étaient que provioires pendant leur passage sur terre.

Ils accordaient plus de soin à leur demeure éternelle. Aménophis II n'échappait pas à la règle. Sa tombe creusée dans la Vaste Prairie, sur la rive des morts de

Thèbes, était un exemple de beauté dépouillée. Sur les murs, des extraits du livre de l'*Amdouat* ; sur les piliers, des divinités l'invitant à entrer dans le monde de l'Au-Delà ; de chaque côté de la chambre funéraire des petites salles et au milieu de la dernière salle l'emplacement de son sarcophage en quartzite. Aménophis II avait été très attentif à l'aménagement et au plan de sa tombe qui se distinguait de celui des Thoutmosis qui l'avaient précédé.

Chaque manifestation artistique était précisément une invitation à la paix et au bonheur. Qu'il s'agît du chant d'une harpiste, des exploits d'une acrobate ou des paroles d'un savant, tout rappelait la vie éternelle.

VII

Aménophis semblait repu. Habitué aux meilleurs mets, raffiné, il avait le palais fin et ne dédaignait pas le bon vin. Alors que des danseuses distrayaient encore les invités, il se décida enfin à parler à Thoutmosis IV.

– Tu sais combien les habitants du pays de Koush sont capricieux et hostiles aux pharaons. Chaque roi a dû les combattre un jour. Même la reine Hatchepsout ! Je viens de leur donner une nouvelle leçon mais ils se rebelleront encore. Nos ancêtres se sont toujours et à juste titre méfiés d'eux.

– Comment osent-ils encore se révolter contre nous alors qu'ils perdent chaque bataille ?

– Je vois que tu es trop confiant et que tu manques de maturité ! Voilà pourquoi j'insiste sur ce point. Jamais tu ne devras faire confiance aux Koushites. Ils viendront me rendre hommage dès demain. Ils m'apporteront de magnifiques présents. Ils plaisanteront avec nous dans les banquets. Mais ils lèveront leur armée contre nous aussitôt rentrés dans leur contrée.

– Tu viens d'envoyer une expédition là-bas pour en rapporter de l'or, de l'argent, de l'ébène et de l'ivoire.

– Par Rê, je compte bien me servir ! Leurs bêtes sauvages plaisent aux Égyptiens. Nos femmes se parent de leurs plumes d'autruche et ornent le sol de leur maison de peaux de fauve.

Comme Thoutmosis IV paraissait sceptique, son père jugea bon d'insister davantage pour le mettre en garde.

– Les pharaons ont toujours fait construire des temples à Dedoun dans le pays des rebelles. Crois-tu qu'ils appréciaient particulièrement ce dieu ? Penses-tu qu'ils le préféraient à Amon ? Par tous les dieux, tu te tromperais fort si tu raisonnais ainsi ! Ils ont pu ainsi s'imposer dans ce pays et rappeler leur supériorité. J'ai moi-même décidé d'honorer Dedoun...

– Pashed me disait qu'ils tentaient de nous empêcher d'approcher des mines d'or...

– En effet.

Pendant quelques instants, Aménophis parut réfléchir comme s'il cherchait ses mots. Les doux sons d'une harpe couverts par les conversations animées, les bruits de vaisselle, l'annonce des plats par les cuisiniers, les cris d'encouragement des acrobates occupèrent le silence qui s'était établi entre le père et le fils. De temps à autre, Pashed tendait l'oreille, sensible aux réactions de Thoutmosis IV.

– Si seuls les Koushites étaient menaçants, les Égyptiens n'auraient pas à s'inquiéter et Pharaon dormirait comme un enfant, dit Aménophis. Mais il y a l'Asie...

– Thoutmosis III s'est imposé jusqu'au Mitanni. Tu règnes sur un immense royaume !

– Les Asiatiques reprendraient volontiers le pouvoir qu'ils ont perdu ! Je dois me rendre dans le Nord au plus vite. Il est plus facile de perdre un territoire que de le gagner et il serait dommage de voir l'empire de mon père diminuer. J'ai reçu des dieux un pays que je dois garder en l'état ou agrandir. Les divinités ne me l'ont pas confié pour que j'en perde une partie !

Thoutmosis IV se laissa distraire pour la première fois de la soirée. Si les danseuses et les musiciennes ne l'avaient guère attiré, si les acrobates ne l'avaient pas amusé, il ne put rester indifférent au charme frais, presque maladroit, de la jeune fille qu'il avait croisée le jour de son arrivée à Memphis et qu'il n'avait pas revue au palais avant le banquet.

Tandis qu'Aménophis continuait son discours et multipliait ses conseils, Thoutmosis IV observa les formes fines de la jeune femme qui avait choisi, pour la soirée, une perruque courte abondamment ornée de fleurs et de rosaces dorées. Sa robe sage arrivait aux chevilles. Elle portait une ceinture sobre en tissu et des bijoux sans éclat excessif. Elle semblait apprécier les manifestations et affichait une grande gaieté.

« Quel âge peut donc avoir cette femme ? se demandait Thoutmosis IV en n'écoutant plus aucune parole du roi. D'où vient-elle ? Est-ce bien elle qu'évoquait Pashed ou habite-t-elle à Memphis ? Fait-elle partie de la noblesse de la ville ? Est-elle mariée ? Non... Elle est si jeune. Si elle était mariée, elle serait venue, à coup sûr, avec son époux. Or, elle ne paraît accompagnée que de deux amies tout aussi jeunes et réjouies qu'elle. »

Comprenant que son fils n'entendait plus ses paroles, Aménophis II se retourna pour voir ce qui le distrayait ainsi.

– Les dieux t'ont changé, Thoutmosis, lui dit-il. Quand je suis arrivé ici, tu as osé me donner des conseils ! Et maintenant, tu dédaignes mes propos !

– Comment pourrais-tu croire que je ne t'écoute pas ? répondit aussitôt Thoutmosis. Je me demandais seulement si...

Aménophis éclata de rire et tendit sa coupe d'or vide à une servante.

– Ce banquet n'était peut-être pas le meilleur moment pour capter ton attention !

– Dis-moi, père, tu vas partir pour l'Asie. Mais ces hommes ne sont-ils pas des ambassadeurs du roi mitannien Artatama ?

– C'est exact. Je ne redoute pas, en ce moment, les fourberies d'Artatama. Voilà pourquoi il m'a semblé astucieux de lui rappeler ses devoirs tout en invitant ses ambassadeurs à résider pendant quatre jours à Memphis.

– Et ces jeunes filles qui les accompagnent... ajouta Thoutmosis IV.

– Il s'agit de la fille du roi Artatama avec deux de ses confidentes, répondit Pashed. Elle s'appelle Hinutimpet. Elle est très belle, par Isis. Je l'ai déjà vue à la cour égyptienne. Elle y était venue avec son père. Tu étais trop jeune pour t'y intéresser ! Je donnerais beaucoup pour qu'elle m'adresse un sourire. Mais elle ne semble pas m'avoir remarqué.

Cette réflexion déplut à Thoutmosis.

– Depuis quand réside-t-elle au palais ?

– Depuis ton arrivée, répondit Aménophis II.

– Je croyais qu'elle était égyptienne. Elle porte nos vêtements et parle notre langue.

– Le roi mitannien a donné à ses enfants une excellente éducation, reprit Pashed. Je reste persuadé que ce pays est obéissant et fidèle à Pharaon. Sans doute n'est-il pas utile de l'inquiéter en y envoyant une armée.

– J'aviserai sur place, Pashed, dit fermement le roi. Seul Pharaon décide avec son vizir et ses généraux ! Je comprends que tu prennes volontiers le parti des Mitanniens puisque ta mère Sheribu a été élevée au Mitanni avant d'être la prisonnière puis l'Épouse secondaire de notre père, Thoutmosis III. N'oublie jamais que tu es avant tout le descendant d'un pharaon et que ta mère était la fille de l'Égyptienne Thémis et de l'Égyptien Kay. Si ses parents avaient vécu à Thèbes au lieu d'exercer une fonction au Mitanni, Sheribu aurait grandi, comme toi, près du temple d'Amon !

– Je ne renie pas mes origines, Grand Pharaon, répondit Pashed. Que les dieux me punissent si je me trompe un jour de chemin ! Mais ma mère me parle parfois de sa vie au bord de l'Euphrate. Elle me chante des airs typiquement mitanniens. Elle raconte des histoires fabuleuses qui ont pris naissance au-delà du Tigre.

– Je ne puis le lui interdire, d'autant que les pays du Nord font maintenant partie de notre gigantesque royaume. Tu dois, cependant, vénérer les dieux égyptiens et non les divinités mitanniennes. Je préfère que tu lises les textes de nos savants plutôt que les pensées assyriennes. Que ta mère t'ait initié au langage et à l'écriture des Mitanniens est une bonne idée. Je manque d'interprètes et n'ai aucune confiance dans ceux que je ne connais pas. Tu m'as été très utile lorsque nous devions écrire des missives aux peuples d'Asie.

La fille du roi mitannien se leva et se laissa masser les épaules avec un onguent parfumé. La servante défit la fibule qui retenait l'un des pans de sa tunique. La jeune femme pencha la tête pour lui tendre le cou. Puis la servante massa son autre épaule avec des gestes circulaires et expérimentés.

Thoutmosis en profitait pour évaluer la longueur de ses bras et de ses jambes, la finesse de sa taille, la petitesse de sa poitrine, sa grâce naturelle. Elle ne portait rien de provoquant. Le prince héritier trouvait, pourtant, qu'elle se distinguait de toutes les autres femmes. Croisant son regard, Pashed ajouta un peu sèchement :

– Si elle avait été égyptienne, je l'aurais volontiers épousée !

Mais Thoutmosis IV ne parut pas entendre ce trait.

– Rien n'est impossible à Pharaon. Tout est possible pour le prince héritier du trône d'Égypte, glissa discrètement Aménophis à son aîné. Là où un homme ordinaire peine comme un paysan dans son champ, un prince tend la main pour récolter et recevoir.

Thoutmosis IV n'avait pas besoin des conseils de son père pour se sentir supérieur aux autres dans de nombreux domaines. Il n'aurait jamais accepté qu'un autre homme, si tant est que ce fût son ami, convoitât la même femme que lui. Or, le fait que Pashed s'intéressât, lui aussi, à la Mitannienne, accroissait son intérêt pour la fille du roi. Elle s'était assise entre ses deux confidentes et applaudissait vivement les prestations des acrobates. Oubliant qu'elle se trouvait à la cour d'Égypte, elle riait à gorge déployée et ponctuait sa joie d'exclamations spontanées.

– La fille du roi mitannien est encore très jeune, dit Aménophis en souriant. Je suis étonné que tu ne sois pas attiré par des femmes plus mûres ou plus girondes. Il faut être devenu un vieux pharaon pour apprécier la jeunesse !

– Père, l'attirance de nos ancêtres pour les très jeunes filles te ferait mentir... J'aime cette fraîcheur et le naturel qui se dégage de cette Mitannienne. Toutes les femmes présentes ont dû passer un temps infini à leur toilette, devant leur miroir et leurs coffrets à fards. Elles portent de lourdes boucles d'oreilles, de larges gorgerins, des bracelets colorés aux poignets, en haut des bras et autour des chevilles. Elles bougent si peu pour ne pas abîmer leur perruque que l'on dirait des statues. Elles ne font que hocher la tête pour approuver les propos de leur mari ou taper discrètement dans leurs mains pour encourager un artiste. Regarde la Mitannienne... Elle rit, elle bouge, elle s'exprime !

– Je m'inviterais bien à sa table... dit Pashed en se levant. Faisons connaissance et établissons des liens plus étroits.

Thoutmosis IV l'arrêta d'une main ferme.

– Assieds-toi, Pashed ! Si quelqu'un doit lui parler en premier, il s'agit du prince héritier !

– Mieux vaut s'adresser à elle dans sa langue.

– Elle comprend suffisamment la nôtre pour tenir une conversation.

– Ces disputes ne sont pas dignes d'un prince, intervint sévèrement Aménophis II. Réfléchis plutôt à ce que je viens de te dire et entraîne-toi dès demain à la chasse.

Thoutmosis IV blêmit.

– Me laisses-tu entendre que je devrais t'accompagner en Asie ?

– Pensais-tu rester tranquillement à Memphis ou à Thèbes pendant que ton père combattra ? Pashed s'occupera de réunir l'armée. Vous serez tous les deux à mes côtés ! Le temps est venu pour toi, Thoutmosis, de défendre l'Égypte contre l'ennemi. Lancer des traits sur des lions ou des gazelles ne saurait remplacer le véritable combat.

– Maître tout-puissant, Grand Horus devant l'Éternel, intervint Pashed, ai-je bien entendu ? Ton souhait est-il que je choisisse les soldats qui partiront en Asie ?

– Oui. Je crois que tu y excelleras !

– Mais n'est-ce pas là la tâche du vizir ?

– Assurément, par tous les dieux. Mais, dès notre retour à Thèbes, tu deviendras vizir !

Pashed tomba à ses pieds et se prosterna devant le roi.

– Ton choix me touche, dit Pashed, ému. Mon jeune âge ne me destinait pas encore à une fonction aussi importante.

– Tu as la maturité pour l'exercer. Ma décision sera bientôt officielle.

Au moment où Thoutmosis IV se décidait à rejoindre la fille du roi, les ambassadeurs mitanniens se levèrent, eux aussi, et s'approchèrent du fauteuil royal. Aménophis II retint son fils par le bras.

– Patiente encore un peu. Je veux que tu assistes à notre entretien.

*
**

Les deux ambassadeurs avaient revêtu leur vêtement traditionnel, une tunique à manches longues, et portaient une barbe taillée au carré. Ils s'inclinèrent respectueusement devant le roi.

– Nous sommes honorés de ton invitation, dirent-ils en gardant un visage sévère. Voilà les présents que notre roi t'a apportés...

Pashed traduisit aussitôt ces paroles. Une file de serviteurs mitanniens défila sous les regards ravis des Égyptiens qui admirèrent les coffres, les fauteuils et les bijoux qu'ils portaient devant eux.

– Votre roi ne s'est pas moqué de Pharaon, répondit Aménophis. Je sais apprécier la valeur de ces cadeaux en bois précieux, en ivoire, en albâtre et en or. Les dessins sont finement travaillés.

– Par nos meilleurs artistes...

– Je tiens à remercier votre souverain. Vous emporterez quelques dons que j'ai fait préparer à son intention. Bien que rien ne m'y obligeât puisque je suis le maître de bien des régions en Asie, je suis conscient que de bonnes relations sont préférables à des heurts.

Comme l'un des ambassadeurs rappelait à Pharaon qu'il n'était pas le Seigneur de toute l'Asie et qu'il avait perdu des terres lors d'une récente campagne, Pashed préféra ne pas traduire exactement son discours.

– Ce héraut rappelle au Seigneur du double pays que le roi mitannien est très dévoué à Pharaon malgré sa dernière campagne en Asie.

– Regretterait-il ma présence en Asie ? lui demanda le roi.

– Je le crains, répondit Pashed.

– Ainsi donc de telles paroles remettraient en cause mon départ pour l'Asie... Je ne peux, cependant, le différer.

– Quand ils l'apprendront, les Mitanniens seront furieux contre Pharaon !

– Le roi d'Égypte ne doit pas montrer sa faiblesse ni ses sentiments !

Comme les ambassadeurs tentaient de comprendre ce qui se disait, Aménophis s'adressa de nouveau à eux dans des termes choisis.

– Que votre séjour à Memphis soit agréable ! Pharaon se rend parfois en Asie parce que les dieux l'y poussent. Il est naturel qu'un roi victorieux se promène sur son territoire et voie son peuple. N'en tirez aucune conclusion.

Là encore, Pashed ne traduisit pas exactement les phrases du roi.

– Tu n'as pas encore tout vu, ajoutèrent les ambassadeurs. Nous t'avons apporté ce qui fait les délices des Égyptiens, ces magnifiques animaux qui ne courent pas sur votre sol et que vous aimez placer dans vos parcs ou vos jardins.

Plusieurs serviteurs tenaient par une laisse des fauves et des girafes. Les Égyptiens poussèrent des exclamations étonnées et effrayées.

– Je saurai remercier le roi mitannien, dit Aménophis. Que votre séjour se passe bien.

Les Mitanniens retournèrent à leur place. Les biens et les animaux furent emportés par des dizaines de serviteurs aussi zélés qu'efficaces. La piste centrale put bientôt accueillir de nouveau des danseurs.

– As-tu compris, mon fils, comment il te faudra traiter avec les Nubiens et les Asiatiques sans connaître leurs véritables pensées ?

– J'ai reçu une nouvelle leçon de notre maître vénéré, répondit humblement Thoutmosis.

VIII

Le lendemain, Thoutmosis IV avait décidé d'aller chasser avec son père. Aussi se leva-t-il à l'aube afin de rencontrer la fille du roi mitannien. Le banquet ne lui avait pas permis d'arriver à ses fins. Après la distribution des présents au roi égyptien, les ambassadeurs avaient demandé à se retirer avec la fille du souverain mitannien. Comme Aménophis II ne s'y était pas opposé, le prince avait dû patienter jusqu'à l'aube pour espérer parler à la Mitannienne.

Les songes qu'il avait faits pendant la nuit l'incitaient à agir. Sachant que son père partait toujours très tôt à la chasse, il vénéra rapidement le dieu Rê en le remerciant de lui faire connaître une nouvelle journée pleine de lumière puis il marcha d'un bon pas vers les appartements des hôtes royaux.

Thoutmosis IV se rendit vite compte de l'agitation inhabituelle des serviteurs. Des servantes couraient presque dans les couloirs, passant promptement d'une pièce à l'autre. Des Égyptiens vêtus d'un simple pagne blanc transportaient des bustes en pierre, des matelats, des montants de lits en bois, des vases en albâtre, des coffres à vêtements en osier ou en bois.

Certains jetaient de l'eau sur le sol pour éliminer la poussière, d'autres nettoyaient des colonnes en grès.

– Que se passe-t-il à cette heure où Rê est sur le point de se lever ? demanda-t-il à une servante. Vous êtes si occupées que vous oubliez de saluer le prince héritier !

La jeune Égyptienne tomba aussitôt à genoux.

– Maître ! Que fait le prince debout de si bonne heure ? Même lorsqu'il va chasser, le prince, fils d'Horus, se prépare beaucoup plus tard...

Le protocole de la cour interdisait aux serviteurs ce genre de commentaires. Thoutmosis comprit combien l'Égyptienne était troublée pour parler ainsi.

– Reprends tes esprits et surveille tes paroles. Qu'as-tu à m'apprendre ?

– Que pourrais-je te dire ? Pharaon et le jeune Faucon savent tout avant le peuple !

– Oublie ces principes et raconte-moi pourquoi tout le monde se presse ainsi dans les couloirs à une heure où le palais est habituellement plus calme que la nécropole des rois.

– N'es-tu pas au courant, prince ? Un messager mitannien est arrivé au palais pendant la nuit.

– Après le banquet ? Le dîner s'est, pourtant, achevé très tard !

– Probablement. Tout le monde dormait.

– Que signifie tout ceci ? À qui s'est adressé ce messager et pourquoi Pharaon ne l'a-t-il pas entendu ?

– Je ne sais pas, jeune Faucon, répondit l'Égyptienne. Peut-être a-t-il rencontré le Seigneur des deux pays. Il a surtout demandé à voir les ambassadeurs mitanniens.

– Voilà qui est contraire aux habitudes et très désobligeant pour le roi !

– Dès que le messager eut parlé aux ambassadeurs

mitanniens, ceux-ci décidèrent de rentrer dans leur pays. L'affaire paraissait grave. Ils ordonnèrent de préparer les malles, les coffres et les ballots. Ils réveillèrent leurs serviteurs et les confidentes de la princesse mitannienne.

– As-tu vu la princesse ? Comment a-t-elle réagi ?

– Je n'ai rien vu, maître. On m'a raconté tout cela.

– As-tu entendu des détails sur la raison de ce départ précipité ?

– Rien de précis. Les ambassadeurs affirmaient qu'ils ne devaient pas rester dans le palais du roi d'Égypte un instant de plus ! Ils paraissaient révoltés. Ils étaient si bruyants que la plupart des domestiques se sont réveillés en sursaut et se sont précipités pour aider les hôtes du roi.

– Dis-moi... Où se trouve maintenant la princesse mitannienne ?

– Je ne sais pas, maître. J'ai vu plusieurs Mitanniennes dans le palais...

– Où sont-elles ?

– Elles sont parties avec les ambassadeurs.

– Il y a longtemps ? Rê avait-il fini sa course dans le ciel avec les rois défunts ?

– Ils sont partis avant l'aube. Je sens qu'un grand malheur est arrivé... ajouta l'Égyptienne. Prince, que va-t-il se passer ? Les dieux sont-ils mécontents de notre service ? Avons-nous commis une faute ?

– Rassure-toi. Ce départ précipité n'a rien à voir avec vous. Réfléchis bien avant de me répondre et cesse de trembler. Sont-ils partis depuis longtemps ? Aurions-nous des chances de les rattraper ?

– Je suis incapable de te répondre, maître. Ne me punis pas pour autant... Je t'ai dit tout ce que je savais.

– Pharaon a-t-il l'habitude de frapper des servantes ?

– Non, prince...

– Je n'agirai pas autrement. Retourne à tes occupations.

Thoutmosis IV était contrarié par cette nouvelle inattendue. Le fait de ne pas avoir lié connaissance avec la fille du roi mitannien souleva sa colère. « J'aurais dû lui parler hier soir sans tenir compte des conseils de mon père ! » Puis il réfléchit à la situation et la jugea préoccupante.

– Je dois informer Pharaon sur-le-champ. Quitter le palais d'un roi égyptien sans le saluer est irrévérencieux. Ces ambassadeurs viennent de commettre un geste impardonnable. Il s'agit d'un affront qu'aucun roi ne saurait accepter.

Thoutmosis savait que les Mitanniens avaient agi en connaissance de cause.

– Pourquoi ont-ils voulu créer un incident diplomatique alors que la soirée a été si agréable ? Cette manière d'agir a-t-elle un lien avec les intentions de mon père de partir pour l'Asie ?

Thoutmosis IV retourna en hâte vers les appartements royaux.

– Voilà sans doute l'explication... Ils ont dû apprendre que Pharaon s'apprêtait à se rendre en Asie pour combattre. Ils se sont sentis trahis. Peut-être ont-ils imaginé que mon père leur tendait un piège en les invitant à Memphis tout en préparant une campagne.

Thoutmosis appela de nouveau l'Égyptienne.

– Les Mitanniens ont-ils emporté les présents de Pharaon ?

– Non. Ces cadeaux sont restés là où ils avaient été déposés.

Quand Thoutmosis IV arriva dans la chambre du pharaon, celui-ci contrôlait le bout tranchant de ses flèches. Il choisissait les plus acérées et donnait ses ordres au responsable de la meute de hyènes.

– Je suis heureux de voir que tu es prêt avant moi, dit-il à son fils. Nulle part ailleurs qu'à Memphis, je ne prends plaisir à la lecture, à la pêche et à la chasse.

– Père, je doute que tu aies encore envie d'aller chasser après m'avoir entendu. Je suis étonné que tu ne sois pas informé de la situation.

– Que se passe-t-il ? Refuses-tu de m'accompagner ? Préfères-tu rester en compagnie de la belle Mitannienne ?

– Je n'ai guère le cœur à plaisanter, répondit Thoutmosis.

– Tu m'as l'air bouleversé, en effet. Qu'y a-t-il ? demanda Aménophis en posant ses flèches sur une table en bois incrustée d'ivoire que lui avait offerte le vice-roi de Koush.

– Les ambassadeurs mitanniens ont quitté le palais pendant la nuit sans même t'en informer ni te remercier de ton hospitalité.

– Que dis-tu là ? Tu dois te tromper ! Nous nous sommes quittés en très bons termes.

– Un messager mitannien est arrivé cette nuit au palais. Les ambassadeurs l'ont aussitôt suivi sans même t'en parler. Ils sont retournés dans leur pays. Je considère cette attitude comme un affront pour Pharaon.

– Tu dois te tromper... Les divinités t'égarent. Sans doute as-tu fait un mauvais rêve.

– Je te dis la vérité.

Le roi jeta l'arc qu'il tenait avec agacement.

– Si tu ne te trompes pas, l'affaire est grave. La fille du roi mitannien se trouve-t-elle encore à Memphis ?

– Non. Tous les Mitanniens sont partis avant le lever du soleil.

– Je vois. Les rumeurs courent plus vite que le souffle du vent. Nos parties de plaisir sont compromises. Nous devons retourner à Thèbes et rassembler l'armée au plus vite !

Aménophis réunit son escorte et ses conseillers.

Le lendemain matin, il prenait avec son fils la direction de Thèbes.

– Quelles sont tes intentions ? lui demanda Thoutmosis. Que va devenir la famille du roi, si tu es obligé de livrer bataille aux Mitanniens ? Ses enfants seront-ils tes prisonniers ?

– Je ne suis pas devin et je suis incapable de lire l'avenir.

IX

Pendant l'absence du roi, la reine Tiâa surveillait les femmes qu'elle avait réussi à hisser aux plus hautes fonctions. Cette femme douce et aimante avait, en effet, l'ambition de donner aux Égyptiennes intelligentes et capables la possibilité d'acquérir les mêmes postes que les hommes. Ces curieux projets avaient, tout d'abord, étonné puis révolté le roi qui avait fini par s'y accoutumer. Tiâa l'avait persuadé de faire un essai avec quelques femmes de très grande qualité.

La reine attendait le retour du roi pour se rendre à Memphis où travaillait une femme contrôleur du trésor royal. Elle était chaque jour satisfaite des services d'une Égyptienne qu'elle avait nommée responsable des ateliers de tissage et d'une autre qui préparait avec elle les banquets royaux. Choisir les acrobates ou les danseuses d'une soirée était une tâche délicate dont dépendait souvent la signature d'un traité.

Alors qu'elle revenait d'une inspection sur les terres royales d'Abydos, la reine se promit de parler à son mari de quatre femmes étonnantes dont elle avait apprécié les qualités physiques.

« Voilà des femmes qui luttent et courent aussi bien

que des hommes. Elles sont d'une telle habileté que je les verrais bien remplacer ces chefs militaires sans envergure qui ont pris la place des grands généraux de Thoutmosis III. »

Affronter son époux dans des joutes verbales ne l'effrayait pas. Elle en sortait souvent victorieuse. Sa maturité et sa grande sagesse lui donnaient de l'ascendant sur le pharaon.

Le messager d'Aménophis II arriva au palais au moment où elle réclamait sa litière.

– Ainsi donc le roi et le prince héritier sont déjà de retour, dit-elle soucieuse, en écoutant le scribe lui lire le message. Je ne les attendais pas si tôt. Sans doute vont-ils partir en campagne dans quelques jours...

Bien que cette perspective la troublât, elle n'en laissait rien paraître. Son mari n'était que très rarement parti guerroyer. Elle connaissait son goût pour la lecture et les fleurs même s'il n'avait pas, en botanique, le même savoir que son père.

– Allons ! Je dois contrôler le travail de cette nouvelle trésorière que j'ai choisie avant même d'en informer le roi. J'espère qu'elle sera compétente sinon les dieux me puniront pour mon audace...

Elle s'apprêtait à se rendre dans les champs qui longeaient le Nil quand un vacarme l'arrêta.

– Attends ! cria-t-elle à son cocher. Je crois bien que nous avons de la visite...

– Grande Reine, il s'agit du cortège royal...

– Aménophis a suivi de peu son messager. Que signifie une telle précipitation ?

Elle descendit aussitôt de sa litière et réclama sa garde. Celle-ci se plaça de part et d'autre de la reine dans l'attente du char royal. Aménophis II entra le premier dans la cour du palais. Il était suivi de Thoutmosis IV.

– Belle Tiâa, je suis heureux que tu sois présente, lui dit Aménophis qui reçut de sa femme les marques d'honneur habituelles. Je dois te parler, réunir tous les conseillers et donner mes ordres aux généraux.

Comme Tiâa s'inclinait devant lui, le pharaon la regarda avec une grande tendresse.

– Je lis l'inquiétude dans tes yeux. Personne ne peut s'opposer à Pharaon, lion et panthère dans les combats. Je vais partir pour l'Asie le plus tôt possible. Cela ne doit te causer aucun souci. Je serai très vite de retour dans notre ville, au milieu de mon peuple.

– Les épouses qui m'ont précédée ont supporté sans faillir de telles situations. J'ai confiance dans les dieux et dans Pharaon tout-puissant.

Le roi lui prit la main et la pria de l'accompagner à l'intérieur du palais.

– Tu étais sur le point de partir ? lui dit-il en voyant sa litière.

– Oui, répondit-elle en tremblant légèrement. Mais je ne veux pas te causer de nouveaux soucis. Nous parlerons plus tard de certaines décisions que j'ai osé prendre en l'absence de Pharaon. Le roi pourra les annuler s'il les juge inconvenantes.

– Tant que tu ne nommes pas une femme à la tête de l'armée ! dit Aménophis en riant.

Tiâa en conclut que le moment n'était pas encore venu d'évoquer un tel sujet.

– Je suis certaine que tu reviendras d'Asie aussi vite que tu es rentré de Nubie. Le général Ousersate veille maintenant sur la fidélité des sujets nubiens. Tu n'as aucune crainte à avoir de ce côté. Il te faudrait d'autres représentants en Asie, des fonctionnaires sur lesquels tu puisses compter les yeux fermés.

– Il est toujours difficile de faire totalement confiance à mes hommes lorsqu'ils sont en poste si loin de Memphis ou de Thèbes. On ne sait jamais quelles tentations les guettent...

– Il est, cependant, nécessaire de trouver une solution. Pharaon ne peut pas se déplacer en personne toutes les fois qu'une révolte menace d'éclater. Ces peuples asiatiques sont si belliqueux !

– Souviens-toi de mes prédécesseurs, Tiâa. Eux aussi se rendaient sur place en cas d'émeutes. Ce voyage ne sera pas long. Thoutmosis III a été si brillant sur les champs de bataille qu'il ne me reste qu'à entretenir son œuvre. Mais tu sais combien je préfère écrire des vers ou écouter de la musique que de partir en guerre...

– Ne le crie pas trop fort, grand roi ! dit Tiâa en se retournant pour voir si personne n'avait entendu ces propos. Tu es un héros aux yeux de tous ! Que tu sois poète et botaniste comme ton illustre père ne fait aucun doute. Mais, à la veille d'une campagne, il vaut mieux rappeler ta force et ta vision plus perçante que celle du faucon.

Aménophis II se dirigea d'un bon pas vers la salle du conseil.

– Tiâa, à mon retour, je souhaite retourner à Memphis, même si j'aime, tu le sais, séjourner dans le palais thébain où vivaient nos ancêtres. Nous y avons fait venir des ouvriers nubiens qui aident au mieux les artisans des tombes royales. Puisqu'ils m'obéissent si bien, j'en enverrai quelques-uns au Sinaï. Ils travailleront dans les mines de turquoise.

Tiâa l'approuva.

– Aucune cité n'égale, pourtant, Memphis, reprit Aménophis. Je m'y sens bien. Le peuple nous y attend. Les jours coulent aussi agréablement que des cours d'eau tranquilles.

Tiâa lui proposa d'y ramener la cour pendant son absence.

– J'aurais ainsi l'impression de me rapprocher de Pharaon et tu auras moins de route à faire quand tu reviendras en Égypte !

– Tu as toujours des idées lumineuses que seuls les dieux peuvent t'inspirer. J'approuve ce projet.

*
**

Afin de ne pas perdre sa sérénité, Aménophis II relut dans les jours qui suivirent les sagesses des vieux savants égyptiens. Il médita dans ses jardins, s'entretint avec les vizirs, donna des ordres pour que son amour pour les Anciens fût écrit sur les murs des temples thébains. Sa patience en ces divers domaines n'était, cependant, pas égale à celle de son père. Aussi enroula-t-il ses manuscrits et délaissa-t-il ses fleurs dès qu'il sut l'armée prête à partir.

Il rappela à ses hommes combien il souhaitait développer les échanges commerciaux avec tous les pays, y compris avec les régions du littoral asiatique. Les Égyptiens en rapportaient déjà de l'étain et du cuivre acheté à Chypre.

Malgré ses goûts artistiques, Aménophis II avait la réputation d'être un combattant impitoyable, cruel avec les vaincus et intraitable envers ses soldats. Les militaires rapportaient d'étranges récits à son sujet.

Tiâa ne croyait pas ces médisances. En voyant les

armées se regrouper et arriver de nombreuses villes d'Égypte, elle se souvenait, cependant, du premier départ d'Aménophis II pour l'Asie en l'an 3 du règne. Aménophis II avait su recueillir la soumission des peuples du Nord. L'an 7 avait également été mouvementé. Le roi avait dû repartir pour l'Asie. À son retour, il lui avait semblé curieux. Jamais elle n'avait oublié les corps des sept princes qu'Aménophis II avait fait suspendre dans la ville sous les yeux effarés des Égyptiens. Son époux ne lui avait pas raconté non plus les revers qu'il avait subis dans la plaine de l'Oronte et sur l'Euphrate. Il n'en avait pas moins rapporté de nombreux prisonniers et entrepris de grandes constructions à Tôd, Medammoud et Armant. Elle le soupçonnait même de vouloir reprendre des territoires perdus.

Elle chercha à en savoir davantage. Aussi réclama-t-elle un entretien à son mari qui était de plus en plus occupé.

– Pourquoi quittes-tu réellement les rives du Nil ? Est-ce pour réprimer une révolte et étouffer un conflit ou pour reprendre des terres que tu aurais perdues ?

– La question est pertinente. Tu sais que je n'ai pas réussi lors de mon dernier voyage en Asie tout ce que j'ai entrepris. Je n'en ai pas moins tout mis en œuvre pour garder le territoire que mon père m'a cédé.

– Personne n'oserait en douter, Horus d'or.

Tiâa attendait une réponse franche.

– Certaines peuplades l'ont emporté sur notre armée, reconnut Pharaon.

– Ont-elles repris leur indépendance ?

– Elles ont tenté de le faire. Mais elles sont entourées de contrées qui nous sont acquises.

– Et tu souhaites y renforcer ton autorité. Mais pourquoi n'es-tu pas retourné là-bas plus tôt ?

– Mes espions ne m'ont donné jusque-là que d'excellentes nouvelles. Je n'avais aucune raison de m'inquiéter. Tant que les sujets m'obéissent, je préfère rester près de ma famille et des Égyptiens.

– Je ne m'en plains pas. Le devoir t'appelle. Je te demanderai, cependant, de veiller sur notre fils. Il est encore volubile et trop sûr de lui. Une maladresse ou une erreur de jugement pourrait le perdre.

– J'en suis conscient, lui répondit Aménophis II. Mais je le crois très motivé par cette campagne.

Tiâa s'en étonna. Son fils n'avait jamais été attiré par les conflits.

– Ton fils a une idée en tête... répondit Aménophis en souriant.

– Quelle idée ?

– Il est attiré par l'une des filles du roi mitannien qui est venue nous rendre visite à Memphis. La princesse a troublé son âme.

– Et qu'espère-t-il trouver au Mitanni sinon un champ de bataille ?

– Les sentiments défient la raison. Seules les divinités de l'amour les contrôlent. Prie Hathor pour qu'elle aide Thoutmosis.

Tiâa resta stupéfaite par cette confidence. Elle jugeait son fils si peu sérieux qu'il lui paraissait incapable de s'attacher à qui que ce fût.

X

Aménophis II retrouva le grand prêtre de Karnak dans le temple d'Amon. Il promit au dieu de lui rendre le territoire égyptien tel qu'il l'avait reçu à son couronnement. Seul Pharaon avait le droit de pénétrer dans la chapelle où était placée la statue d'Amon. Ce jour-là, Aménophis pria plus longtemps qu'à l'accoutumée. Le grand prêtre l'attendit à l'extérieur comme le roi le lui avait demandé.

Après quelques instants de concentration, le roi se releva et appela le responsable des lieux.

– Nous pouvons faire la toilette d'Amon, dit-il. Je veux moi-même y participer.

Le grand prêtre autorisa les desservants à entrer dans le *naos*. Ils apportèrent également des offrandes de nourriture et de parfum qu'ils déposèrent au pied de la statue. La toilette du dieu suivit. Lorsqu'ils estimèrent que le dieu avait pris les offrandes qu'il souhaitait, les desservants emportèrent les restes pour s'en nourrir.

Un peu abasourdi par l'obscurité de la chapelle et les prières qu'il venait d'adresser à Amon, Aménophis s'assit au bord d'un énorme pilier. Lui aussi avait largement contribué à l'agrandissement du temple de Karnak. Pylônes, obélisques, salles hypostyles, piliers, tous les pharaons de la dynastie avaient apporté leur pierre à cet immense édifice.

– Mes constructions ont-elles satisfait le dieu ? M'accordera-t-il la victoire ?

Il ordonna à ses gardes d'aller chercher Pashed.

– Je lui avais pourtant dit de venir me retrouver ici !

– Regrettes-tu de lui avoir donné de si hautes fonctions ?

– Non. D'ordinaire, il m'obéit.

– Grand Roi, intervint un membre de l'escorte en tombant à ses pieds. On m'apprend que Pashed a quitté la ville.

– Que dis-tu ?

– Il est parti avec sa mère, Sheribu.

– Les dieux te troublent l'esprit ! Où a-t-il pu se rendre ? Il sait que nous avons beaucoup de travail.

– Je n'en sais pas davantage, Horus d'or. Veux-tu que je me précipite au palais pour m'informer ?

– Non. J'y vais moi-même.

Aménophis II donna des ordres brefs et cinglants. Le cocher lança ses chevaux au galop.

– Qu'on aille chercher le prince héritier !

Thoutmosis IV rejoignit son père dans les jardins.

– Où est Pashed ?

– Je le croyais avec toi, répondit le prince en retrouvant devant le visage sévère de son père son ton d'enfant obéissant.

– Je viens d'apprendre que Pashed a quitté Thèbes en compagnie de sa mère. Tu es son meilleur ami et son confident. Donne-moi des explications.

– Par Amon, sans vouloir t'offenser et bien que ta clairvoyance soit supérieure aux simples Égyptiens, je pense que tu t'égares. Pourquoi Pashed aurait-il quitté

Thèbes ? Il vérifie chaque jour l'entraînement des soldats. Il contrôle les vivres et les provisions pour le voyage.

– Pashed est parti. Il a pris des affaires pour un long voyage. Je viens d'en avoir la confirmation. Sa mère a également emporté ses bijoux et ses robes. Aucune de ses servantes n'est restée ici. Elle les a emmenées avec elle. Comme elle a toujours souhaité être servie par d'anciennes prisonnières mitanniennes, ce sont des otages de mon père Thoutmosis III qui ont quitté Thèbes sans autorisation !

– Il doit y avoir une explication...

– Je n'en trouve pas. Nous partons demain pour le Nord. J'ai lancé une troupe à la recherche de Pashed. Si mes soldats le rettrape, il nous rejoindra et nous fournira peut-être d'excellents arguments sur son étrange conduite. En attendant, je vais lui trouver un remplaçant.

Aménophis II parut soudainement se souvenir d'Amenpafer.

– Il doit bien savoir où se trouvent sa sœur et son neveu !

Aménophis fit aussitôt appeler le fonctionnaire. Mais, même s'il avait des renseignements sur sa sœur, Amenpafer préféra garder le silence.

– Je sais que Sheribu avait décidé de quitter l'Égypte depuis très longtemps. Elle voulait partir avec son fils.

– Je soupçonne Pashed d'avoir suivi la trace de la très belle fille du roi mitannien, dit un peu maladroitement Thoutmosis IV.

Son père lui lança un regard sévère. Le prince ne parvenait pas à oublier la manière cavalière dont la princesse mitannienne lui avait échappé. Il en était plus blessé qu'attristé. Seules l'avaient attiré la beauté et la simplicité de cette jeune fille venue de l'Est. Il ne connaissait ni ses pensées ni son esprit.

– Es-tu bien sûr de ce que tu avances ? insista Aménophis. Pashed aurait osé quitter Thèbes pour se rendre au Mitanni avec sa mère alors que je pars en campagne et que je lui ai confié de hautes fonctions ?

– Il ne s'est pas confié à moi, Horus d'or. Je ne fais que te dire ce que je sais.

– Je saurai le punir de sa légèreté si nous le retrouvons.

*
**

Thoutmosis ne pouvait imaginer que Pashed trahirait le roi. Il connaissait, cependant, son attirance pour le pays où sa mère avait été élevée. Les réflexions de son père le convainquirent qu'il oublierait ses déboires en se rendant au harem royal.

Bien qu'Aménophis II restât souvent fidèle à Tiâa, la Grande Épouse prenait soin des « parures royales », ces femmes nubiennes, égyptiennes ou mitanniennes qui avaient été choisies pour leur beauté. Dans son enfance, Thoutmosis IV les regardait évoluer, chanter, danser avec curiosité. L'adolescence venant, il avait porté plus d'attention à ces femmes qui seraient un jour à lui. Il aimait particulièrement Lotus, la fille du général Nebamon, Imonemusekhet et Nehemta, toutes deux filles de Menna, qui se faisait construire une tombe magnifique sur la rive ouest de Thèbes et où ses filles, chéries du prince et du dieu Amon, étaient représentées en priorité.

Thoutmosis arriva précisément au harem au moment où toutes ces femmes, parfumées et embellies de parures, s'apprêtaient à se divertir en jouant au senet. Le prince reconnut immédiatement les filles de Menna qui avaient revêtu une tunique en lin ornée d'une large collerette de couleur. Elles portaient des miroirs à manche hathorique dans la main pour contrôler à tout instant leur maquillage. L'aînée avait recouvert ses cheveux d'une perruque brune qui lui arrivait aux épaules. Son turban noué derrière la tête était décoré d'une tête de chamois qui couvrait son front. Sa coiffe haute et rectangulaire était agrémentée de diverses rosaces. Les larges anneaux en or qu'elle portait aux oreilles dépassaient de sa perruque. Sa sœur, de la même taille qu'elle, avait choisi les mêmes anneaux mais une perruque plus courte. Elle aussi arborait une coiffe rectangulaire, de plus petite dimension d'où partaient deux plumes de paon.

Elles parlaient toutes deux avec une fille encore plus jeune qui paraissait originaire du sud de l'Égypte. Thoutmosis IV lui trouva l'air sauvage. Ses yeux de braise parurent effrayés lorsqu'elle reconnut le prince. Toutes les filles le saluèrent avec respect.

– Qui es-tu ? demanda Thoutmosis IV à la nouvelle venue.

– Je m'appelle Néfertary, prince. La Grande Épouse aimée d'Hathor dont nous sommes les dociles représentantes m'a choisie pour remplacer une ancienne favorite du grand roi Thoutmosis III qui vit avec Osiris dans le domaine enchanteur de l'Ailleurs.

– Ma mère a toujours eu beaucoup de goût. Elle fait de ce harem un enchantement.

Les jeunes femmes baissèrent les yeux.

– Tu n'es pas égyptienne... D'où viens-tu ?

– On me fait souvent cette réflexion. Je suis pourtant née à Thèbes.

– Maître, osa la jeune Nehemta. Mon père Menna affirme que tu vas bientôt partir en campagne. Il a sorti ses armes. Il prétend même qu'il ne sera pas là au moment des récoltes. Aussi a-t-il embauché des femmes pour s'occuper des champs et du bétail.

– Ton père doit rejoindre les soldats comme tous les Égyptiens en âge de combattre. Seuls les dieux savent si nous devrons combattre. Il ne s'agit que d'une tournée de contrôle comme en faisait mon grand-père pour rappeler aux tributaires de l'Égypte qui est le véritable maître dans ce royaume.

– Ne parles-tu pas ainsi pour nous rassurer ?

– La vérité sort de ma bouche. Notre voyage sera peut-être extrêmement bref...

– Ou plus long que prévu...

– Consultez les devins ou les voyantes. Ils vous en apprendront plus que moi sur l'issue des événements. Les femmes doivent être fières de leur mari, de leurs fils et de leur père quand ils partent défendre leur pays.

– Tel est le cas, prince héritier chéri d'Amon. Mais nous aimons notre père et la guerre est parfois cruelle...

– Ayez confiance en Pharaon, en ses fidèles généraux et en ses enfants.

En observant les mains fines et allongées de Néfertary, Thoutmosis avait presque oublié la princesse mitannienne. Il la trouvait raffinée et élégante. Il appréciait surtout son intelligence et la bonté de son âme qui se lisait dans ses yeux immenses.

Les Égyptiennes qui entouraient le prince vaquaient à diverses activités très féminines. Certaines utilisaient leurs palettes de fards et faisaient fondre des blocs colorés pour raviver le ton de leurs joues ou de leurs paupières. Elles avaient fait acheter ces fards d'un grand prix en même temps que leurs perruques et leurs onguents sur les marchés. La plupart tenaient tant à leurs produits de beauté qu'elles avaient supplié Pharaon de les enterrer avec elle si le destin les frappait plus tôt que prévu.

Dans leurs coffrets se trouvaient aussi des pinces à épiler, des rasoirs en pierre, des couteaux, des récipients remplis de natron et de cendres pour la toilette et des fioles d'huile pour adoucir la peau avant l'épilation. Toutes avaient la peau lisse, parfaitement glabre et mâchaient des pastilles de cannelle pour garder une haleine agréable.

Malgré l'attention qu'elles portaient à leur poids et à leur ligne, elles tendaient régulièrement la main vers de larges paniers remplis de pâtisseries au miel et de dattes. Elles buvaient de la bière et de l'eau.

Thoutmosis IV, qui n'appréciaient guère l'huile de castor régulièrement utilisée par les femmes du peuple, se laissait griser par les odeurs du harem. On y sentait l'encens dont la gomme servait aux onguents anti-rides, la cire, l'huile de balane, la noix de jonc et la myrrhe dont on faisait des masques pour lutter contre le vieillissement.

Après l'avoir introduite dans un bâton approprié, une Égyptienne enduisait une aiguille de carbone et d'huile. Néfertary souleva sa tunique jusqu'aux cuisses.

– Pardonne-moi, prince, dit-elle d'un air ingénu. J'avais prévu une séance de tatouage...

Thoutmosis IV éclata de rire.

– Seules les prostituées se font tatouer !

– De nombreuses femmes le sont. Les tatouages les protègent des hommes brutaux, des maladies sexuelles, des souffrances de l'accouchement. Presque toutes les dames du harem possèdent un tatouage sur les cuisses. Certaines ont choisi d'y voir représentée la déesse Hathor, d'autres le dieu Bès.

Le prince admira la finesse de ses jambes.

– N'est-ce pas dommage de couvrir de si jolies jambes de dessins inutiles ?

Les Égyptiennes parurent révoltées par une telle réflexion.

– Nous sommes obligées de nous protéger.

Tout en se laissant tatouer, Néfertary saisit un collier d'amulettes en faïence et le plaça autour de son cou. Les piqûres de l'Égyptienne expérimentée qui dessinait sur sa cuisse la déesse Hathor lui arrachaient de petits cris.

« Je me demande si Pashed serait assez fou pour aller rejoindre la fille du roi mitannien dans son pays, se dit Thoutmosis en observant les femmes qui l'entouraient. Il me paraissait très agacé par l'intérêt que je lui portais. Nous avons, pourtant, en Égypte, les plus belles filles du monde ! Et si nous ne les possédons pas, nous pouvons les faire venir jusqu'à Thèbes puisque Pharaon est maître d'une grande partie de l'univers ! »

– Maître, ton esprit est ailleurs... lui dit Néfertary avec malice. Tes yeux brillent tant que tu songes sans doute à l'élue de ton cœur, à Celle que les dieux ont placée sur ta route. Je voudrais tellement...

Elle se tut soudain, consciente que ses paroles étaient aussi osées qu'indécentes.

– Le prince d'Égypte me pardonnera-t-il ? Je n'ai pas coutume d'être si loquace.

– Je te répondrai pourtant. Je pense, en effet, à une femme qui a troublé mon cœur. Mais elle doit être déjà très loin de Thèbes et je doute de la revoir un jour. Tant d'hommes la convoitaient !

– Mais tu n'es pas n'importe quel Égyptien ! Personne ne résiste au prince d'Égypte !

– Je ne souhaite pas forcer le destin en ce domaine.

– Voilà qui est digne d'un souverain raffiné.

– Comment as-tu deviné mes pensées ?

– Ta mélancolie, ton air rêveur sont autant d'indices...

– Ta présence et celle des filles de Menna, aujourd'hui très discrètes, m'ont grandement fait oublier ma tristesse. Les dieux m'ont sans doute fait perdre une conquête pour que je te rencontre en ce jour. Car je ne serais pas venu dans ce harem si je m'étais trouvé en galante compagnie.

– Mon corps en est tremblant de joie, répondit Néfertary en rosissant.

Thoutmosis se montra assez fier de l'effet qu'il produisait sur les Égyptiennes qui l'entouraient. Il se laissa servir et s'abandonna aux douceurs du vin. Cependant, alors même qu'il affirmait être heureux et comblé, l'image de la princesse mitannienne lui revint à l'esprit.

« Jamais une jeune femme ne m'a résisté. Comment aurait-elle réagi à mes avances ? »

– Te voilà de nouveau loin de nous, prince, osa Néfertary en recouvrant ses épaules d'onguent.

– Cesse de m'observer et accomplis tes massages en silence. Les femmes sont trop curieuses.

Néfertary sourit en s'exécutant. Elle paraissait satisfaite de servir le prince.

– Je te suis toute dévouée, dit-elle. Ordonne et j'obéirai.

– Es-tu aussi soumise que tu le parais ? demanda Thoutmosis en renversant la tête et en levant vers elle ses yeux malicieux.

– À toi de le deviner, prince, répondit Néfertary. Les femmes savent cacher leurs atouts et ne révéler que ce qu'elles veulent.

– Comment le savoir ?

– Je te laisse choisir le moyen, dit-elle.

Les filles de Menna éclatèrent de rire.

– Néfertary joue avec la foudre des dieux et l'humeur changeante de la déesse Pakhet.

– Cela ne me déplaît pas, avoua Thoutmosis en présentant son dos à Néfertary qui s'enduisit abondamment les mains d'une huile onctueuse dont l'odeur était si forte qu'elle troublait l'esprit.

XI

Pashed n'avait pas réapparu à la cour. Les soldats envoyés à sa recherche n'avaient retrouvé trace ni de sa mère ni du nouveau vizir. Bien que d'aucuns prétendissent l'avoir vu remonter le Nil dans une barque à *naos* sous lequel il s'abritait du soleil en compagnie de Sheribu, personne ne savait, en réalité, quel chemin il avait pris.

– Ils se sont dirigés vers le Delta, dit Amenpafer à Thoutmosis IV. Je suis presque convaincu qu'ils ne se trouvent plus en Égypte.

– Où ont-ils bien pu aller ? S'ils ne sont pas de retour demain, mon père partira pour les pays de l'Est.

– N'as-tu donc aucune idée des intentions de Pashed ? Tu le connais bien pourtant !

– Ton neveu ne m'a jamais rien caché. J'avoue que cette attitude me choque et me surprend.

Les deux hommes avaient décidé de préparer leur équipement ensemble. Ils examinaient les pattes de leurs chevaux, rassemblaient des outres en peau de chèvre et des coffres à vêtements.

– Pashed t'a-t-il parlé un jour du Mitanni, le pays où nous avons été élevés avant de venir en Égypte ?

– Je ne connais du Mitanni que la beauté de la princesse qui nous a rendu visite à Memphis.

Amenpafer ne put s'empêcher de sourire. Il connaissait l'effet que faisaient les Mitanniennes sur les Égyptiens. Il examina ses armes et passa son doigt sur le tranchant de son couteau à manche ciselé. Il prit une pierre à aiguiser et l'affûta lui-même. Comme Thoutmosis IV l'observait avec curiosité, Amenpafer crut bon de s'expliquer.

– Je ne laisse jamais à un domestique le soin de s'occuper de mes armes. Ma vie en dépend. Une négligence est trop vite arrivée...

Le prince choisit la ceinture en or qu'il porterait pour le départ.

– Comment se comportent ces Mitanniens ? demanda-t-il à Amenpafer. Je ne connais guère que leurs ambassadeurs.

– Ma mère Thémis et son époux Kay ont quitté l'Égypte pour habiter au Mitanni sous le règne d'Hatchepsout. Sheribu est née au Mitanni. Le roi du Mitanni appréciait ma mère, Thémis. Celle-ci se plia de mauvaise grâce aux volontés de ce souverain qu'elle haïssait et qui avait causé la mort de son époux. J'avais un ami très cher appelé Ishtariou. Nous avions tous deux été faits prisonniers par Thoutmosis III qui nous avait choisis comme ses plus proches conseillers. Ishtariou finit par trahir ton grand-père. Il repartit pour l'Asie et tenta de m'entraîner dans son sillage.

– Mais tu es resté fidèle à mon grand-père et à son fils Aménophis. Je connais cette histoire... En quoi Pashed est-il concerné par cette épopée ?

– Sheribu aimait Ishtariou lorsqu'elle faisait partie du

harem de Thoutmosis III, qui avait une grande attirance pour elle. Elle a toujours eu un caractère emporté et entier. Elle est restée fidèle au souvenir du Mitanni. Ishtariou l'aurait volontiers convaincue de le suivre si...

– Tu n'avais parlé en faveur de Pharaon.

– Ce n'est pas tout à fait cela. Mais je crois que tu as compris la situation.

– Et tu penses aujourd'hui que Sheribu a bien pu retourner dans le pays où elle a été élevée.

– Je n'exclus pas cette éventualité comme je te l'ai déjà expliqué.

– Précisément au moment où nous nous apprêtons à partir pour le Nord et où le roi compte reprendre les territoires qu'il a perdus lors de sa dernière campagne. Pashed ne l'aurait pas suivie. Il est entièrement dévoué à Pharaon. Nous avons assisté aux mêmes cours ensemble. Nous nous sommes entraînés pendant des années côte à côte. Je le considère presque comme un frère. Je me suis plus souvent confié à lui qu'à mes propres frères et sœurs.

– Les dieux nous permettent-ils vraiment de connaître le fond de l'âme d'un être humain ? Alors que nous croyons le connaître parfaitement, il nous échappe parfois.

Thoutmosis IV prit exemple sur Amenpafer et aiguisa ses propres couteaux.

– Ton discours me laisse sceptique. Rien ne laissait présager que Pashed allait quitter l'Égypte sinon pour accompagner le roi et le conseiller dans la campagne. Il avait réuni les soldats de l'armée égyptienne. Il avait envoyé des messages à tous les nomarques. Il s'est comme interrompu en plein travail. Je suis sûr qu'un incident l'a fait changer d'avis. Mais lequel ? Que s'est-il donc passé ?

À y bien réfléchir, Thoutmosis ne pouvait imaginer que Pashed était parti rejoindre la fille du roi mitannien. Non seulement cette attitude ne correspondait pas à son caractère, mais, comme tous ceux qui avaient été élevés en Égypte, il connaissait les préceptes du sage Ankhchechonk qui conseillait aux hommes de ne pas épouser des femmes d'une autre contrée de crainte de les voir un jour retourner dans leur région.

Pour les Égyptiens, les unions parfaites étaient celles qui rapprochaient des cousins d'une même famille et, à défaut, deux habitants d'une même ville qui avaient grandi ensemble et qui étaient de même condition sociale, même si certains épousaient parfois leurs serviteurs. S'ils privilégiaient ce genre d'unions pour transmettre une terre ou une fonction à leurs descendants, les Égyptiens toléraient, cependant, les mariages avec les étrangers.

– Crois-tu Pashed capable de quitter notre pays à un moment aussi important pour suivre une femme ? demanda soudain Thoutmosis à Amenpafer.

Celui-ci sourit une nouvelle fois. L'idée lui paraissait incongrue. Il s'étonna même qu'elle ait pu traverser l'esprit du prince.

– Pashed n'a pas ton âge. Il est plus mûr et plus expérimenté que toi. Il a jusque-là suivi les conseils des sages. S'il s'est bien gardé de prendre une femme quand il était très jeune, il a attendu d'être en place pour envisager une union avec l'une de celles qui lui plaisaient.

– Mais il n'a jamais accueilli de femme chez lui.

Aucune Égyptienne n'a quitté la demeure de son père pour s'installer chez Pashed.

– En effet. aucune n'a emporté chez lui ses bijoux, son lit, ses tuniques, ses peignes ou ses miroirs dans un cortège mémorable accompagnée d'amis proches. Suivant toujours les dictons de nos ancêtres, il aurait pu choisir une femme très jeune.

– Dis-moi, Amenpafer. Pashed t'a-t-il fait quelque confidence en ce domaine ?

– Jamais.

– Je vais te faire une confession. Je l'ai vu très attiré par la fille du roi mitannien...

– Ne te tourmente pas. Nos coffres sont prêts, nos armes aiguisées et nos corps entraînés. Pense à notre voyage et prépare-toi à affronter la poussière et la chaleur. Les femmes ne seront pas avec nous. Aménophis a décidé de ne pas emmener de harem avec lui. C'est un signe que le roi ne compte pas s'absenter très longtemps.

– Je ne suis pas mécontent de connaître enfin le Mitanni, dit Thoutmosis.

– C'est une région qui te plaira. L'Euphrate te rappellera le Nil. Mais avant d'y parvenir tu traverseras des plaines fertiles abondamment arrosées par les pluies. Tu imagineras alors que tu as gagné l'Au-Delà et que tu passes du bon temps dans les merveilleux champs d'Ialou, loin de la morosité et des chagrins. Ton grand-père aimait y retourner.

– Et toi, Amenpafer, pourquoi ne vis-tu pas aujourd'hui avec une Égyptienne ? Pourquoi n'as-tu pas d'enfant ? Tous les Égyptiens en ont !

– J'ai vécu avec une épouse aimante qui a quitté la

terre très jeune. Mes devoirs ne me laissent guère le loisir de songer au temps qui passe. Et pourtant, je suis aujourd'hui à la veille du grand voyage...

– Seuls les dieux décident de cet instant, répondit Thoutmosis en le regardant avec tendresse. Je t'ai toujours vu servir mon père avec fidélité. Tu es précieux. La divinité saura t'offrir en récompense le meilleur des ailleurs.

Les deux hommes allèrent personnellement contrôler les soins que des palefreniers avaient accordés à leurs chevaux. Ils avaient choisi des chevaux d'Asie à la peau brillante et aux muscles fermes. Thoutmosis caressa l'encolure de celui qu'il appelait « la Foudre » parce qu'il partait au galop au moindre de ses claquements de langue. Le cheval hocha la tête de haut en bas comme s'il approuvait ces marques d'affection. Il gratta le sol avec ses pattes de derrière et lui lança un regard attachant.

– Il doit être difficile de partir combattre dans le pays où l'on a grandi, remarqua Thoutmosis.

– Je dois l'avouer.

– Tu devrais rester ici et attendre notre retour. Pharaon a besoin d'excellents conseillers en son absence.

– Penses-tu que je suis sénile et que je n'ai plus ma place dans les combats ?

– Tu sais que je ne voulais pas parler de cela. Ne déforme pas mes propos.

Amenpafer prit, lui aussi, la tête de ses chevaux contre sa poitrine.

– Ils sont comme moi. Ils ont connu plusieurs campagnes et ont droit au repos.

Thoutmosis revint soudain au sujet qui le préoccupait.

– Crois-tu, Amenpafer, que Pashed ait pu être victime d'un attentat ? Penses-tu qu'on aurait pu l'enlever ? Qu'il ait été tué ? Bon nombre d'Égyptiens auraient pu être jaloux de la promotion que lui a donnée Pharaon.

– Rien n'est à exclure à la cour, répondit calmement Amenpafer en regardant le prince droit dans les yeux tout en caressant le dos de son cheval.

– Ta réaction m'étonne.

– Tu es tendre et plein d'espoir. Mais les courtisans sont des traîtres en puissance, des envieux à la bouche remplie de miel. Un roi doit toujours avoir les yeux ouverts même la nuit. Il doit écouter en permanence, sentir les pièges, deviner qui est prêt à lui nuire.

– Tu brosses là un tableau bien noir de ceux avec qui nous passons la plupart de nos soirées dans la bonne humeur !

– Ce tableau est plus gai que ne l'est la réalité. Crois-moi, Thoutmosis, tu ne seras jamais assez méfiant lorsque tu régneras seul. Tu devras te méfier des femmes du harem, de tous les enfants de nobles et de rois étrangers qui convoitent la place de tes fils. Tu ne pêcheras plus sans observer les marais au cas où ne s'y cache un criminel. Tu ne chasseras plus sans surveiller les armes de ceux qui t'entourent et se disent tes amis. Tu ne visiteras plus les femmes du harem sans être sûr de ne pas écouter leurs paroles onctueuses. Car elles te feraient promettre le Soleil et tu ne pourrais pas le lendemain tenir tes promesses ! Tu éviteras de boire du vin avant la signature d'un contrat...

– Que cherches-tu à me dire ? Que Pashed n'était pas, lui non plus, à l'abri d'un ennemi ?

– C'est possible, répondit Amenpafer. Prions les dieux

que les espions du roi ne nous rapportent pas son corps et celui de Sheribu.

Pour la première fois, Thoutmosis vit Amenpafer perdre son assurance. Son visage se durcit. Ses joues se creusèrent. Ses mâchoires se serrèrent. Le prince comprit qu'une telle perte emporterait l'âme d'Amenpafer.

XII

Tous les notables s'étaient réunis : le fonctionnaire Ouserhat, le vizir Aménémopé, son frère le gouverneur Sennefer, l'intendant du palais de Memphis Quenamon, son frère Khaemeribsen, prophète d'Amon, Menkhepereseneb, le responsable des greniers, et les prêtres d'Amon.

Tiâa, Main de la divinité, avait revêtu sa tunique d'apparat et choisi sa coiffe. La représentation du vautour qui symbolisait la déesse Mout, parèdre d'Amon, rutilait d'éclats rouges, bleus ou verts. De son diadème émergeaient les plumes de paon et des cornes entourant le cercle rouge du soleil. Ainsi parée, elle ressemblait à Hathor. Stoïque, droite, fière mais sans arrogance, le visage serein, elle avait les yeux dans le vague. Elle songeait au fils qu'elle avait perdu si jeune, un enfant que le roi avait formé pour régner. Thoutmosis IV s'était-il assagi ? Pouvait-il maintenant suppléer son père ? Elle avait peur de le perdre également.

Prêtresse au milieu des Thébaines honorant Amon, elle avait la veille prié Amon dans son temple de Karnak dans une robe simple nouée à la taille par une cordelette.

*
**

Les Libyens et les Asiatiques attendaient l'arrivée du roi au balcon du palais. Un coussin avait été déposé sur le rebord de la fenêtre d'apparition où Pharaon devait s'appuyer pour prononcer un discours et assister à la distribution des armes. Celles-ci avaient été minutieusement rangées par catégories. D'un côté se trouvaient les arcs et les carquois, de l'autre les casques, les cottes de mailles et les épées courbes à manche long et ciselé. La plupart des armes ainsi que les chars ornés de dessins en spirales avaient été empruntés aux Asiatiques par les Égyptiens.

Les chevaux de Pharaon et de Thoutmosis IV portaient des harnais en or. Une rosace dorée d'où partaient des plumes d'autruche ornait le dessus de leur tête. Des banderoles entouraient aussi les chevaux royaux.

Des combattants, incorporés récemment dans l'armée égyptienne, possédaient déjà leur bouclier rond et leur casque à cimier surmonté d'un croissant. D'autres se distinguaient par leur coiffe en plumes et leur lance en bois. Certains portaient des pagnes avec des glands, signes qu'ils venaient du littoral asiatique.

Les scribes préparaient leur matériel pour inscrire chaque nom et chaque arme sur des rouleaux de papyrus. Les soldats, habillés d'un pagne à devanteau, ne disaient mot.

– Je dois monter au balcon. Pharaon ne va pas tarder, dit Thoutmosis en regardant sa mère avec inquiétude.

– C'est ta place.

– À quoi songes-tu ?

– J'ai fait un rêve étrange cette nuit. Nephtys, la déesse de la mort s'est penchée vers moi pendant mon sommeil et je déteste cela. La dernière fois que je l'ai vue aussi distinctement dans un songe, c'était la veille de...

Tiâa s'interrompit. Elle était manifestement bouleversée. Cette vision lui était apparue quand son fils aîné avait quitté le monde terrestre. Elle jugea préférable de ne pas le révéler à Thoutmosis.

– Va, mon garçon. Le roi te rejoindra au balcon.

Thoutmosis n'avait jamais vu une armée égyptienne aussi hétéroclite. De nombreux prisonniers venaient grossir les rangs. Pashed qui l'avait constituée avait choisi des dizaines d'Asiatiques, habiles guerriers, qui portaient tous l'arc à double courbure, une arme ancienne mais efficace que ne rejetaient pas les Égyptiens. Les paysans avaient quitté leurs champs à la demande du vizir, confiant leurs terres à leurs épouses, plus habituées à s'occuper du linge et de l'intérieur de leur maison.

Tiâa frémit en voyant son fils apparaître au balcon. Les Égyptiens le saluèrent. « Dans un instant, Pharaon va s'avancer lui aussi. Il va donner l'ordre de distribuer les armes pour lutter sous les yeux d'Amon contre l'ennemi et les adversaires qui apprendront à connaître la force des Égyptiens... Aménophis a revêtu sa tunique d'apparat et ses sandales d'or pour prononcer ce discours d'encouragement. Il se changera pour partir et la partie de hasard commencera. Mais quels jetons l'emporteront ? Les noirs ou les blancs ? Par le dieu de la guerre Seth, protégé du casque, pourquoi ai-je l'impression que ces arcs triangulaires ne perceront pas de bouclier en cuivre, que ces cottes de mailles, formées de plaques de métal, ne recouvriront pas le corps des archers, que même ces larges bandes qui protègent la poitrine des combattants ne serviront pas plus que ces chars rutilants et ces jeunes chevaux nerveux ? »

Les hauts fonctionnaires rejoignirent le prince et lui conseillèrent de prononcer quelques mots avant la venue du roi.

– Je ne suis pas certain que mon père, Seigneur des deux terres, apprécierait que je prenne la parole avant lui. Personne ne parle avant Pharaon.

– Tu as raison, prince, répondit le vizir en s'inclinant. Je crois, toutefois, que ces hommes ont besoin d'encouragement. Ils sont rassemblés depuis l'aube et Rê devient terriblement chaud. Sans doute se demandent-ils pourquoi Aménophis II, Taureau puissant, n'est pas là devant eux.

Les banderoles qui entouraient les flancs des chevaux volèrent en tous sens.

– Le vent se lève. Il serait préférable de partir vite et de profiter de ce souffle favorable qui facilitera l'avancée de la flotte. Sinon l'armée arrivera au port de Byblos bien avant nos bateaux.

– Les généraux n'en seraient pas mécontents. Il est toujours bon de s'assurer de l'état d'âme des habitants du littoral avant d'accoster.

Tiâa se sentait de plus en plus mal à l'aise. Elle éprouvait un terrible malaise qu'elle ne parvenait pas à expliquer. Ses rêves lui revenaient à l'esprit, de plus en plus nets, de plus en plus précis.

– Qu'est-ce que les dieux cherchent à me faire comprendre ? Que mon fils ne doit pas partir pour cette campagne ? Que Pharaon va subir de lourdes pertes ? Que l'armée égyptienne va être décimée ?

Elle était convaincue que ces présages n'annonçaient rien de bon et il ne lui était pas nécessaire de consulter un devin pour en avoir la confirmation. Même si les chevaux paraissaient fiers de leur harnais dont l'une des parties, très lâche, passait sous leur corps, même si les rosaces en or qui ornaient les chars brillaient de plus en plus sous le soleil, annonçant un départ imminent, Tiâa avait l'impression qu'un événement inattendu allait se produire.

Thoutmosis IV se laissa finalement convaincre de prononcer quelques mots afin de faire patienter les soldats et de leur donner du courage. Bien que la plupart fussent confiants, certains, peu habitués à combattre, montraient des signes d'inquiétude.

Le prince s'accouda sur le rebord du balcon.

– Pharaon tout-puissant, Horus d'or, Celui que rien n'arrête va bientôt s'adresser à vous. Il se prépare pour cette grande campagne qui révélera à tous la force du roi égyptien. Personne n'osera désormais lui tenir tête ou fomenter des complots loin de l'Égypte.

Thoutmosis s'estimait satisfait de ces belles paroles. Le vizir l'encouragea, toutefois, à poursuivre. Il se pencha vers lui et lui souffla quelques recommandations.

– On m'informe que le roi se tiendra bientôt devant vous. Sachez que les peuples du Retenou ou du Mitanni qui osent tenir tête aux Égyptiens recevront la leçon dont ils ont besoin s'ils se montrent rebelles à Pharaon. S'ils sont dociles, nous accepterons leur hospitalité et nous ne refuserons pas leurs tributs.

Une petite brise vint soulever de nouveau les banderoles qui ornaient le cou et le dessus de la tête des chevaux. Tiâa suivit des yeux des brindilles qui volèrent vers le balcon.

– Vous serez les principaux artisans de notre victoire. Pharaon sera fier de votre courage. Bientôt, tout rentrera dans l'ordre et vous rejoindrez vos familles, l'esprit tranquille. Les trompettes vont retentir et vous vous mettrez alors en ordre de marche.

Des vivats accueillirent les paroles du prince.

– Amon a parlé par ta bouche, prince, dit le vizir. La reine Tiâa est fière de toi.

Amenpafer monta, lui aussi, jusqu'au balcon. Il était blême.

– Que se passe-t-il ? lui demanda aussitôt Thoutmosis.

– Je crois qu'un malheur vient d'arriver. J'ai entendu les femmes crier près des appartements du harem. Me permets-tu de me retirer pour aller aux nouvelles ?

– Amenpafer, tu m'as appris tellement que je te dispense de me parler avec les égards que me doivent d'ordinaire les fonctionnaires et les conseillers de la cour. Je commence, moi aussi, à m'inquiéter. Aménophis II a manifestement été retardé. Rien que de grave ne peut le tenir ainsi éloigné de ses devoirs.

Tiâa était devenue très pâle. En voyant Amenpafer s'agiter près de son fils, elle pressentait qu'il se passait au palais d'étranges incidents.

– Amenpafer, qu'a-t-il pu se produire ? Me caches-tu quelque chose ? As-tu entendu les femmes parler entre elles ?

– Non, prince. Je te le dirai dès que je serai revenu.

– Se pourrait-il que les avertissements que tu m'as donnés sur les manigances de la cour se vérifient en ce jour ? Ma nuit a été très agitée. Je ne cessais de songer à tes conseils, à la peinture bien noire que tu avais faite de cette vie au palais...

Amenpafer lui fit signe d'être discret. Il devait se méfier également du vizir et de l'Intendant d'Amon.

– Plus vite je serai revenu, plus vite nous saurons de quoi il est question.

– Tu as raison, Amenpafer. Cours au harem et tâche d'apprendre pourquoi une si grande agitation bouleverse les femmes de ce palais.

Thoutmosis jugea bon de reprendre une nouvelle fois la parole.

– Soldats ! Le roi a été retardé ! Mais vous n'avez besoin d'aucun autre discours pour savoir combien vous êtes supérieurs à nos ennemis ! Ceux-ci seront bientôt à nos pieds ! Ils viendront enchaînés, les mains et les chevilles liées, devant Pharaon dont ils reconnaîtront publiquement la supériorité. La clémence du roi jouera en leur faveur. Ils deviendront soldats comme vous ou serviteurs d'Amon. Ils iront travailler dans les mines du Sinaï ou bâtiront des monuments à la gloire de Rê. Ils creuseront des tombes royales dans la Vaste Prairie ou tailleront des obélisques ! Que les scribes commencent à distribuer les armes !

Comme le scribe royal se montrait réticent, le prince lui demanda de s'expliquer.

– Nous devons être sûrs de partir ce matin même, lui dit-il. Sinon, il faudra reprendre les armes pour refaire une distribution ultérieurement. Il s'agit d'un travail considérable...

– Voilà pourquoi, plus vite nous l'achèverons, plus vite nous partirons, selon la volonté de Pharaon.

– Ne pouvons-nous attendre encore un peu ?

– J'ai donné des ordres, scribe ! insista Thoutmosis. Je ne puis me rétracter ! Exécute mes ordres !

Le scribe royal alla rejoindre ceux qui exerçaient la même fonction que lui mais qui n'avaient pas l'honneur de servir directement le roi. Il tentait manifestement de gagner du temps.

– Que les dieux le punissent ! marmonna Thoutmosis. Se croit-il plus malin que moi ?

– Il obéit à son maître, prince. Tente de le comprendre.

– En l'absence de Pharaon, je suis son maître ! rétorqua Thoutmosis avec colère.

– Mais il est, avant tout, le scribe d'Aménophis.

Thoutmosis se pencha au-dessus du balcon et força la voix.

– Donnez tous votre nom aux scribes !

De nouveaux éclats de voix couvrirent alors les paroles du prince. Les soldats entendirent très distinctement des pleurs et des cris de femmes. Ils s'interrogèrent, rompirent les rangs.

– Que personne ne quitte cette cour ! ordonna Thoutmosis avec plus d'autorité.

XIII

Les fantassins, qui avaient subi depuis leur enfance un entraînement rigoureux et pénible, n'avaient plus souffert de la dureté des campagnes depuis de longues années. Ils avaient perdu l'habitude des marches harassantes à travers les déserts ou les monts lorsqu'ils portaient leur chargement d'eau et de victuailles sur leur dos. Leurs épaules ne pliaient plus sous des poids énormes. Ils buvaient chaque jour de l'eau claire et pure, dormaient dans des lits en toute sérénité. Ils avaient oublié les retours pénibles, les muscles échauffés, les mollets douloureux, les pieds enflés. Aussi les encouragements étaient-ils pour eux indispensables.

Les cavaliers ou les conducteurs de chars ne connaissaient pas les mêmes fatigues. Quant aux officiers, ils avaient à leur disposition deux chevaux, choisis dans l'écurie du roi, et des ordonnances. La plupart étaient heureux et fiers de partir. Ils avait acheté leur char une douzaine de deben, en investissant parfois tout leur héritage. Les plus âgés avaient déjà reçu des récompenses, des pendentifs représentant une abeille ou un fauve en or qu'ils avaient mis à leur cou pour conjurer le mauvais sort. D'autres portaient des bracelets ou des colliers offerts par Pharaon après une bataille.

De nombreux officiers avaient reçu, à l'époque de Thoutmosis III, des demeures, des troupeaux et des terres. Quelques-uns s'étaient reconvertis dans la police. En ce jour exceptionnel, ils portaient leur étendard orné d'une gazelle comme tous les Medjoy de la ville.

Les porte-étendards se joignirent aux fantassins qui attendaient leur lance et leur bouclier. Les scribes contrôlaient une dernière fois le ravitaillement comme le leur avait ordonné le roi. Ils comptaient les miches de pain, les morceaux de viande, les récipients de vin, les sacs de céréales. Des boulangers et des bouchers étaient venus les aider à répartir les rations entre les soldats. Les cuisiniers du palais apportaient des pâtisseries.

Des Medjoy étaient assis sur des tabourets aux quatre coins de la cour. Sous leur contrôle, les scribes notèrent de nouvelles provisions, vérifièrent que les bêtes avaient été marquées et que les jarres d'huile ou de vin étaient convenablement fermées.

Thoutmosis IV reprit la parole.

– Pharaon tient à votre confort. Il a pensé à tout et souhaite que vous soyez bien nourris. N'oubliez pas que sans lui vous seriez tous pauvres, qu'il a toujours écarté les malheurs de l'Égypte pour que vous puissiez vivre en paix, qu'il a toujours été bon et juste, que les impôts ne vous accablent pas, qu'il vous a très souvent épargnés. Vous n'avez pas été mis à rude épreuve comme sous Thoutmosis III. Aménophis II a limité ses campagnes si bien que les soldats ont vécu pendant des années dans la joie, en menant une vie de rentiers. Sardanes, mercenaires libyens, Égyptiens, vous avez tous fait de longues siestes à l'ombre des arbres en ne craignant ni les Nubiens ni les Asiatiques. Pharaon vous protégeait, vous et votre famille. Soldats de père en fils, vous devez aujourd'hui répondre aux attentes de celui qui vous sauve et vous apporte le bien-être.

La garde, qui avait reçu la veille des rations conséquentes de céréales et de bœuf, approuva le prince. Des mercenaires étrangers, qui portaient autour de leurs jambes des queues de panthère, levaient leur bâton en signe de contentement. Certains Asiatiques, qui avaient gardé leurs cheveux longs en suivant les coutumes de leur pays, promettaient de rester fidèles à Pharaon.

Comme deux lutteurs allaient s'affronter, Thoutmosis IV les mit en garde.

– Rappelez-vous que vous serez bientôt devant Pharaon, Vie, Santé, Force. Vous avez pu vous entraîner à loisir. Vous porterez dorénavant vos gants de cuir pour combattre l'ennemi. Préservez vos forces !

Malgré ces paroles, de nombreuses questions commençaient à circuler dans les rangs. Les combattants étrangers, d'anciens prisonniers, plus indisciplinés que les Égyptiens, invectivaient les scribes.

– Gagnons du temps ! Que les armes soient totalement distribuées ! Nous écouterons Pharaon lorsque nous serons prêts à partir !

Le scribe royal se fit entendre.

– Depuis quand les soldats sont-ils plus fiers que les scribes, dont la profession est supérieure à tant d'autres ? Seul Pharaon décide de ce que vous devez faire ! Attendez-le en silence.

Thoutmosis IV guettait le retour d'Amenpafer.

– Que fait-il ? Pourquoi met-il tant de temps pour

revenir ? Que se passe-t-il donc dans ce palais ? Jamais encore je n'ai vu mon père en retard pour partir à la chasse, encore moins au combat ! Je vais moi-même aux nouvelles !

– Prince, écoute-moi, intervint le vizir en l'attrapant par le bras. Si tu pars avant que Pharaon n'arrive, les soldats vont se désunir. Ils sont tellement tendus que des rixes risquent d'éclater entre eux. Amenpafer va revenir. Patiente encore quelques instants...

Thoutmosis fit alors appeler l'un des meilleurs cuisiniers du palais. Celui-ci monta jusqu'à la fenêtre d'apparition en tremblant. Il craignait d'avoir mal accompli son travail. C'était la première fois qu'un membre de la famille royale le convoquait avant un départ pour la guerre.

– Je te vois angoissé, lui dit le prince. Rassure-toi. Tu as remarquablement fait ton travail, comme toujours. Je t'appelle précisément pour cette raison.

Le cuisinier, qui s'était prosterné, se releva.

– Écoute-moi bien et fais exactement tout ce que je vais te dire.

– Je suis aux ordres du prince, jeune et brillant Faucon.

– Tes pâtisseries au miel ont toujours fait les délices de la cour. Tes pains ronds aux épices redonnent des forces aux plus faibles. À croire que tu connais les secrets de toutes les épices... T'en reste-t-il dans les cuisines ?

– Oui, maître.

– Tu vas donc en distribuer à tous les soldats présents. Qu'ils se régalent ! Décuple leur talent !

– Mais ils sont si nombreux...

– Emploie tous tes domestiques et remplis tes fours.

Les soldats partiront le ventre plein, ce qui évitera de faire une étape supplémentaire pendant notre voyage.

Le ton montait dans l'assistance. Les étrangers sifflaient et entrechoquaient leurs lances pour montrer leur mécontentement, ne redoutant pas les sanctions du roi. Thoutmosis leur fit signe d'être attentifs. Le vizir haussa la voix.

– Écoutez votre prince et faites le silence !

– Soldats ! reprit Thoutmosis. J'ai conscience que vous avez besoin d'entretenir vos forces. Aussi ai-je demandé à notre meilleur cuisinier de préparer pour vous des pâtisseries qui réjouiront vos cœurs.

– Nous préférerions partir ! cria un mercenaire étranger, impatient de rapporter des trésors et des butins de la campagne. Les gâteaux sont faits pour les femmes et les enfants ! J'endurcis mes muscles avec de la viande !

Ses acolytes l'approuvèrent. Mais le vizir leva la main et exigea de nouveau le silence.

– Comment osez-vous discuter la parole du prince qui ne songe qu'à votre bien-être ? Réfléchissez ! Vous avez moins de cervelle qu'un oiseau ! Les scribes ont raison de se moquer de votre bêtise ! Si vous partez rassasiés, vous n'aurez pas besoin de manger avant ce soir. Vous ne serez préoccupés que par votre voyage !

– Le vizir a raison ! cria à son tour un paysan égyptien en levant sa lance.

Tiâa admira l'astuce de son fils. « Il a, cependant, du mal à s'imposer. Il lui faudra encore beaucoup travailler pour pouvoir succéder à son père. »

Tandis que les cuisiniers s'activaient des cuisines à la cour en envoyant des dizaines de domestiques chercher des pains encore chauds, Thoutmosis observait le regard réjoui des Égyptiens et des Libyens.

– On va donner de la bière aux mercenaires. S'ils mangent des gâteaux du bout des lèvres, ils ne cracheront pas sur la bière !

– Est-ce bien raisonnable, par Horus ? Ils sont déjà échauffés...

– Écoute-moi, vizir. Nous n'avons guère le choix.

D'agréables senteurs montèrent jusqu'au balcon.

– N'oublie pas les fonctionnaires, dit Thoutmosis au vizir. Occupe-toi d'eux. Qu'ils soient agréablement servis.

Amenpafer pénétra alors dans la cour du palais, le visage grave et les traits tendus. Tiâa remarqua immédiatement la détresse qui se lisait sur sa figure marquée par les responsabilités. Il monta jusqu'au balcon sans adresser la parole à qui que ce fût.

– Prince aimé, je dois te parler en privé. Éloigne ta Seigneurie de ce balcon et écoute-moi. Je me souviens de cet instant émouvant où le vizir Rekhmirê était parti rejoindre Aménophis II à Memphis. Le prince s'entraînait là-bas comme tu aimes, toi aussi, courir, tirer de l'arc ou lancer sur les pistes de sable tes chevaux au galop. Ton père, notre Horus d'or, Grand Seigneur de l'Égypte et de la Nubie, appréciait tant cette région qu'il avait décidé d'y habiter plus souvent qu'à Thèbes.

– Pourquoi parles-tu au passé, Amenpafer. Tu es soudain si étrange. Ton regard est fixe. Tes lèvres tremblent. Tes yeux sont mouillés de larmes. Tu te croises nerveusement les mains, ce qui n'est pas dans tes habitudes. Pourquoi as-tu perdu ta belle sérénité ?

Le conseiller ne répondit pas. Il continua son discours comme s'il n'avait pas entendu les remarques du prince.

– Rekhmirê rejoignit ton glorieux père Aménophis et se prosterna devant lui. Il lui transmit les rênes du pouvoir et lui déclara que le peuple égyptien l'attendait à Thèbes pour l'acclamer.

– Ma mère Tiâa me l'a raconté, en effet. Mais je ne comprends pas pourquoi tu évoques ces souvenirs à la fois douloureux et heureux devant moi. Mon grand-père Thoutmosis III avait rejoint Osiris et s'apprêtait alors à entrer dans sa tombe. Mon père Aménophis II commençait son règne sous le regard bienveillant des dieux...

– Aujourd'hui, une nouvelle succession va avoir lieu.

Thoutmosis IV baissa la voix. Il était profondément ému.

– Je ne comprends pas, Amenpafer. Tu ne peux m'annoncer que mon père a quitté cette vie puisque je l'ai vu il y a quelques instants. Il sortait de son bain et attendait de se faire masser. Que veux-tu me dire ?

– Mon message est, hélas, très clair, reprit Amenpafer. Ton père, le Seigneur tout-puissant, va bien se présenter devant le tribunal d'Osiris pour savoir si sa vie fut juste de voix. Je n'en doute pas. Sa vie éternelle sera agréable et joyeuse. Nous la comblerons d'offrandes.

Thoutmosis IV se tenait coi, les lèvres légèrement entrouvertes. Il ne parvenait plus à parler.

– Je vais sans doute me réveiller et constater que tu te trompes.

– Hélas non, prince. Maintenant que tu es informé, dis-moi ce que tu comptes faire.

Thoutmosis se tourna immédiatement vers le vizir pour lui rapporter les propos d'Amenpafer.

– Je descends prévenir la reine Tiâa pour qu'elle nous rejoigne. Ta formation n'étant pas achevée, j'espère qu'elle acceptera de devenir régente. Il faut parler aux soldats et aux fonctionnaires. Ensuite, tu pourras aller voir ton père, notre Pharaon éternel.

Thoutmosis lança vers sa mère un regard désespéré. Il la savait sensible et très attachée à son époux.

– Je souffre pour la Grande Épouse royale, murmura-t-il. Que les dieux l'aident et nous assistent. Qu'ils nous guident vers le bonheur.

Le prince héritier arrêta le vizir.

– Des peuples nous menacent. Penses-tu que je les laisserais agir sans les punir ? Crois-tu que je leur ferais ce plaisir ? Je chevaucherai là où mon père avait l'intention de chevaucher. Je traverserai les contrées qu'il voulait traverser pour y asseoir son autorité. Je montrerai à tous qu'il n'est jamais bon de se soulever contre l'Égypte invincible. Je reprendrai les régions perdues par mon père lors d'une précédente campagne. Que l'armée se prépare ! J'en prendrai la tête sans faillir !

– Tu es courageux et digne de ton père, lui dit le vizir en calmant ses ardeurs. Tu ne peux, cependant, partir sans maîtriser l'art militaire. Il t'est impossible de ne pas organiser les funérailles de Pharaon même si la reine t'assistera le mieux possible. Les soixante-dix jours nécessaires à la momification te tiendront éloigné des champs de bataille.

– Mais la sécurité de l'Égypte n'attend pas !

– Nous envisagerons une campagne lorsque le moment sera venu, Pharaon tout-puissant.

Thoutmosis frémit. Était-ce à lui que s'adressait le vizir en tombant à genoux devant lui ? Il prit alors conscience que toutes les responsabilités de son père allaient dorénavant lui incomber. Il se sentit subitement devenir plus âgé.

– Relève-toi, vizir. Je vais agir comme tu me le

conseilles car tu es plus sage que moi, même si je porte désormais le titre suprême. Mais les ennemis de l'Égypte n'attendront pas longtemps ma visite !

Ne perdant rien des gestes de son fils, Tiâa avait peur d'avoir compris ce que signifiait la révérence du vizir. Son cœur parut s'arrêter de battre. Elle observait, le souffle coupé, la mine défaite, le cruel rituel qui se déroulait sous ses yeux dans lequel elle lisait un grand malheur.

Deuxième partie

XIV

Le palais était en deuil. Thoutmosis avait finalement accepté de rester à Thèbes pendant la durée de la momification mais il ne songeait qu'au départ.

– Calme-toi, lui dit sa mère, qui avait accepté la régence.

– Si j'étais parti tout de suite, je serai déjà revenu !

– Ne surestime pas tes forces même si tu es le pharaon ! Les funérailles de ton père vont bientôt avoir lieu. J'ai loué les pleureuses et choisi l'embaumeur. Les aromates sont à sa disposition. Tu dois être présent à l'enterrement de ton père ! Que diraient les dieux si les Égyptiens quittaient Thèbes au moment où le roi va entrer dans sa tombe pour l'éternité ?

– N'aie crainte. J'attendrai l'enterrement de Pharaon. Mais je partirai aussitôt après.

– Que signifie donc cette hâte ? Me cacherais-tu la véritable raison de ton empressement ?

– Mon devoir est d'exécuter les volontés de mon père dont le jugement était sans appel. Il m'a décrit la situation. Nous ne pouvons nous laisser ainsi menacer par les Asiatiques !

– L'annonce de cette disparition peut modifier les données.

– L'Égypte en sera affaiblie. Nos adversaires pensent, sans doute à juste titre, que je ne suis pas capable de gouverner. Les régions qui restaient fidèles à Pharaon vont s'allier avec les rebelles. L'Égypte ne sortira pas gagnante de la circonstance présente !

– Je n'en suis pas convaincue. Qui te connaît à l'étranger ? On sait seulement que tu es en âge de prendre le pouvoir. Nos ennemis savent que le roi t'a formé au combat. S'il ne redoutait pas ton père dans les batailles, peut-être se montreront-ils plus craintifs à ton égard...

– Aménophis II était un excellent soldat, mère...

– Mais il succédait à un redoutable général : Thoutmosis III !

– Une succession difficile, je te l'accorde.

– Or, tu portes le nom des Thoutmosides ! Cela suffit à rappeler les exploits de ton grand-père ! Crois-moi... Tu peux tirer avantage de la situation. Ne pars pas perdant !

– Loin de moi cette intention, par tous les dieux ! Je veux, au contraire, créer un effet de surprise parmi ceux qui me sous-estimeraient et leur ôter dès maintenant l'envie de comploter !

– J'admire ton courage et ta détermination, mon fils, dit Tiâa. N'oublie pas, cependant, que je dirige ce pays et que je jugerai de tes capacités à gouverner seul. J'ai perdu un enfant. Je ne veux pas en perdre un autre.

Thoutmosis s'empara de la main de Tiâa qu'il tint chaleureusement dans la sienne.

– N'aie crainte. Je pense, moi aussi, aux funérailles de Pharaon. J'ai même établi le menu de son repas funéraire. Je veux que lui soient servis des miches de pain tièdes comme il les aimait, de la soupe, des pigeons grillés, du poisson cuit, les meilleurs morceaux d'un bœuf accompagnés de rognons, et du fromage.

– Je vois que nous avons songé aux mêmes plats... N'oublie pas les figues, les baies et les pâtisseries. Le banquet qui suivra les funérailles doit être copieux. Les convives mangeront des oies, des canards, du mouton, du bœuf et boiront les vins les plus raffinés du palais. Que nos invités aient le choix ! Chacun prendra ce qu'il désire afin qu'il se souvienne de ce grand jour où l'âme de Pharaon s'envolera vers l'éternité. Ils mangeront l'équivalent de dix rations d'un ouvrier, qui ne rapporte chez lui chaque jour qu'une dizaine de pains et une grande cruche de bière.

Tiâa s'arrêta de parler. Elle imaginait la fête grandiose qui célébrerait le voyage de Pharaon vers la rive des morts. Elle ne voulait pas que la population se nourrisse, ce jour-là, comme d'ordinaire, de pommes de terre, de riz ou de bananes mais elle était prête à organiser des distribution de viande de bœuf chez tous les Égyptiens qui n'étaient pas assez riches pour en manger quotidiennement et à acheter aux prêtres les morceaux offerts en trop grande quantité aux divinités afin de les donner aux enfants.

– Pas question de les nourrir avec de la vache ou des gâteaux faits avec du sang de bœuf ! Je ne veux pas non plus que le peuple mange des brebis car le bélier doit être vénéré en ce jour plus que jamais.

Tiâa raconta à son fils comment elle imaginait ce banquet à la belle étoile que le roi défunt pourrait voir tout en montant vers les cieux et les astres.

– Nous en donnerons un autre à Memphis dès que

nous y retournerons. Mais la tombe d'Aménophis est ici. Aussi viendrai-je plus souvent à Thèbes désormais.

– J'ai déjà choisi les vins blancs qui agrémenteront le repas. Les Égyptiens les préfèrent aux rouges. Ils sont plus frais et facilitent la digestion. Je sais où me procurer les meilleurs crus.

La perspective d'une telle journée changea l'humeur de la régente. Thoutmosis trouvait sa mère attirante avec sa perruque courte et noire, son turban et sa fleur de lotus dans les cheveux ainsi que son cône parfumé sur le haut de la tête. Elle avait revêtu une robe plissée et ne portait aucun bijou. « Comment vivra-t-elle sans mon père ? » se demanda Thoutmosis, qui connaissait sa sagesse.

– Je dois m'entretenir avec le grand prêtre de Karnak pour lui donner des instructions, dit Tiâa en se levant. Je m'occuperai ensuite des pleureuses.

Des joueuses de luth et de harpes entrèrent dans la pièce. Certaines portaient de la myrrhe. La régente les renvoya.

– Je n'ai plus le temps d'écouter leur chant vantant le ciel et les étoiles, le soleil et la lune.

– Elles t'adressent, pourtant, ces poèmes, selon la volonté divine.

– Je me rends compte combien il est accaparant d'être au pouvoir. Je n'ai même plus le temps d'écouter cette musique qui m'est chère.

Elle regarda attentivement son fils.

– As-tu des nouvelles de Pashed ? lui demanda-t-elle soudain.

– Non, Vénérable, et j'en suis très étonné. Même Amenpafer a perdu trace de sa sœur.

– Jamais je n'aurais pu imaginer qu'il serait absent aux funérailles de Pharaon.

– J'ai envoyé une troupe de Medjoy à sa recherche. Je le crois en danger.

– Qu'est-ce qui te fait parler ainsi ? Les dieux t'auraient-ils donné des indications ? As-tu consulté un devin plus clairvoyant que les autres ? Personne n'a pu me renseigner à ce sujet. Même Aménophis II n'a obtenu aucune réponse. Pashed a subitement disparu sans raison.

– Amenpafer m'a avoué qu'il aurait pu retourner dans le pays de sa mère...

– Je trouve cette idée insensée. Pashed était puissant en Égypte. Il pouvait le devenir plus encore après ton couronnement. Pourquoi aurait-il quitté un pays où il vivait comme un seigneur ?

– Pour suivre sa mère...

– Qui avait, elle aussi, tout intérêt à suivre la cour. N'a-t-elle pas, dit-on, commis les pires fourberies pour donner à son fils le poste suprême ?

– Voilà pourquoi j'ai imaginé le pire. Hélas, aucun espion, aucun officier n'a réussi à rapporter le moindre indice sur le départ de Sheribu. Nous n'avons qu'une certitude : ils sont partis de leur plein gré puisqu'ils ont préparé leurs malles et vidé la maison de Thémis.

– Occupons-nous de Pharaon. Nous réglerons cette affaire plus tard.

*
**

Thoutmosis IV ne put agir comme il l'entendait. Aussi décida-t-il d'envoyer un Égyptien dans la contrée asiatique de Noukesé. Il estimait indispensable de donner certains royaumes asiatiques à des Égyptiens prêts à devenir roitelets en Asie. Faute de pouvoir entreprendre une expédition jusqu'au Mitanni, Thoutmosis décida également de renouer des relations diplomatiques avec le souverain du Mitanni. Les deux hommes échangèrent bientôt des présents et des courriers amicaux.

Personne n'ayant retrouvé trace de Pashed et de sa mère, leur magnifique demeure, laissée à l'abandon, devenait la proie des herbes et des insectes. En passant devant le parc de son ancien ami, Thoutmosis ressentit une étrange mélancolie. Ses deux gardes l'encadraient sans le quitter des yeux.

– Scribe ! dit-il au fonctionnaire qui le suivait, un calame à la main. Note mes ordres ! Je veux que l'on nettoie cet espace et qu'on le rende agréable comme si ses propriétaires y vivaient encore.

– Qui le Pharaon suprême Menkheperrê veut-il employer pour ce travail ?

– L'un des jardiniers du palais autrefois embauché par mon père. Qu'il arbore cet endroit. Cela fera peut-être revenir celui qui me manque tant.

Non loin de cette demeure où avait autrefois vécu la belle Thémis, mère de Sheribu et d'Amenpafer, se trouvait le domaine viticole des parents de Néfertary.

– Je me demande bien pourquoi Amenpafer a laissé la maison de sa mère à l'abandon. Cette négligence ne lui ressemble guère sauf s'il était convaincu qu'elle ne reviendrait jamais à Thèbes. J'ai l'impression qu'il en sait plus qu'il ne le dit.

XV

Thoutmosis entra d'un bon pas chez Monkheper. La plupart des paysans qui cultivaient ses champs et soignaient ses vignes s'arrêtèrent de travailler en reconnaissant le roi. Ils n'avaient pas l'habitude de le voir sans char. Tous se prosternèrent longuement en attendant un signe royal pour se relever et reprendre leur travail.

Les Égyptiens de Monkheper contrôlaient les grappes de raisin que le propriétaire des lieux tentait, avec beaucoup de difficulté, de faire pousser dans la région thébaine. Pour accélérer la production, Monkheper avait des secrets : il savait préparer des potions qui protégeaient les ceps des ravages des insectes et de la trop grande sécheresse. Ces mixtures variaient d'une saison à l'autre. Malgré ces précautions infinies, les grains restaient, à Thèbes, petits et peu juteux. Certaines branches, brûlées par le soleil, noircissaient.

Thoutmosis n'avait jamais vu autant d'hommes dans un vignoble. Le sous-sol de la maison avait été entièrement creusé pour permettre la disposition d'immenses jarres dans des cavités individuelles. Le vin conservait ainsi sa fraîcheur et sa saveur.

Quelques femmes badigeonnaient de poix l'intérieur

des jarres qui seraient ainsi prêtes à accueillir le liquide divin. Monkheper était accroupi dans une rangée de ceps. Il regardait entre les branches tordues l'état des dégâts occasionnés par Rê.

– Jamais je ne parviendrai à faire du vin blanc dans cette région ! dit-il, découragé. Mes terres du Delta sont, heureusement pour moi, plus favorables aux vignobles ! J'ai vendu, l'an dernier, plusieurs jarres de vin blanc à des étrangers qui préfèrent d'habitude acheter du vin grec. Mais ici, j'ai tout essayé en vain ! Amon ne favorise pas la venue du nectar... S'il m'aidait un peu, je lui en donnerais davantage en offrande !

– Eh bien, Monkheper, sais-tu que tu es passible d'une amende et que tu ne respectes pas la période de deuil décidée par Tiâa, Régente du royaume d'Égypte ?

– Pharaon tout-puissant ! s'exclama le propriétaire des lieux en tombant lui aussi à genoux. Mais que viens-tu faire dans mon modeste vignoble avec une légère escorte ? Pourquoi ne m'as-tu pas annoncé ta venue ? Je t'aurais fait préparer un festin !

– Oublierais-tu que le divin Aménophis va rejoindre le ciel et les astres et que nous devons jusque-là nous montrer recueillis et tristes ? Ce n'est guère le moment de nous réjouir ! Nous remettrons ton festin à un autre jour...

– Excuse ma maladresse, Pharaon.

– Relève-toi et explique-moi pourquoi tous ces Égyptiens s'activent tant pendant les jours qui précèdent l'enterrement de mon père.

Monkheper se montra embarrassé devant le visage sévère de Thoutmosis IV.

– J'avoue que je n'agis pas conformément aux règles

et je me sens fautif. Je ne pouvais, cependant, faire autrement et j'espère que tu me pardonneras.

– Explique-toi !

– Maître, vois ce vignoble. Il est malade. Outre la difficulté de faire venir dans cette région des grappes de qualité, la plupart de mes vignes sont tachées. Je dois les traiter au plus vite sous peine de tout perdre. J'ai attendu le plus longtemps possible pour respecter le délai de soixante-dix jours précédant l'enterrement du grand Aménophis éternel. Mais, si je ne trouve pas dès maintenant une solution, je peux mettre moi-même le feu à ces ceps. Je ne récolterai rien cette année !

Thoutmosis demeura imperturbable.

– Tu possèdes l'un des plus grands vignobles du Delta et tu te plains encore !

Monkheper se prosterna de nouveau et l'appela par l'ensemble de ses titres royaux.

– Tente de comprendre, Pharaon ! J'implore ta clémence !

– Ta fille t'oblige à faire l'impossible ! dit Thoutmosis. Si elle se trouvait à Memphis, tu y serais aussi et tes problèmes seraient réglés. Tu l'aimes trop pour t'éloigner d'elle. Mais rien ne te contraint de rester à Thèbes si longtemps...

– Si Pharaon retournait plus souvent à Memphis et s'il n'exigeait pas la présence de Néfertary là où il se trouve, je n'aurais jamais tenté de faire pousser des vignes ici !

– Adresserais-tu des reproches à Pharaon ?

– Comment oserais-je agir ainsi ? s'exclama aussitôt Monkheper. Je constatais juste les faits.

– Tu devrais être fier que Pharaon apprécie ta fille. Je veux, en effet, qu'elle me suive partout où je me trouve, à Thèbes, à Memphis, en Moyenne-Égypte, en Nubie et dans tous les harems d'accompagnement. Quand je partirai en Asie, elle viendra avec moi. Je doute que tu la suives alors jusqu'au Mitanni sauf si nous avons besoin de soldats et si tu dois rejoindre les rangs de l'armée égyptienne !

– Quel malheur ce serait pour notre exploitation familiale !

– Mais tu en rapporterais des butins et de l'or qui te permettraient d'acheter un vignoble trois fois plus grand !

– Je suis satisfait de mes terres.

– Puisque je vis très souvent à Thèbes, je veux que Néfertary y soit également. Beaucoup de pères seraient honorés de ce choix. Il te sera impossible de suivre ta fille en tous lieux. Je te conseille donc de t'habituer à d'éventuelles séparations. N'es-tu pas rassuré qu'elle soit protégée par Pharaon en personne ?

– Je le suis. Je ne peux, cependant, t'offrir à Thèbes le vin que tu exiges au palais et cela me contrarie car je souhaite le meilleur pour Pharaon. Celui que tu bois sur mes terres du Nord est bien meilleur que celui-ci ! Cette terre est trop sèche !

– Tu m'as toujours dit que le soleil était bon pour les vignes !

– Pharaon, tout est question de dosage et d'équilibre. La déesse de l'équilibre Maât doit se cacher derrière ces ceps qui ont en même temps besoin d'eau, de soleil, de chaleur et de fraîcheur. Grâce aux pluies, la vigne ne sèche pas et, grâce au soleil, le vin a plus de saveur. Les régions trop pluvieuses donnent un vin qui a le goût de l'eau ! La pluie imbibe la terre et les ceps mais il en faut un peu...

– Tes terres sont aussi exigeantes que toi ! S'il faut choisir entre ton vin et ta fille, je préfère garder ta fille !

Ce qui ne te dispense pas de me livrer des jarres de vin au palais ! S'il est mauvais, j'en achèterai à ces marchands grecs qui débarquent dans nos villes.

– Tu cherches à me ruiner, Pharaon ! Consomme mes produits avant d'acheter des jarres à d'autres ! Les dieux témoignent que je me donne assez de mal pour Horus d'or parce que rien n'est assez bon pour lui !

– Fais donc de la bière avec toute cette orge, tout ce froment et toutes ces dattes ! Tu possèdes déjà des moules, des jarres, des paniers, des ustensiles en poterie qui pourraient tout aussi bien servir pour la bière que pour le vin ! Tu sais préparer la pâte et la verser dans des moules bouillants capables de te donner des pains croustillants, crus à l'intérieur, que tes domestiques réduiront en miettes et mélangeront au jus de dattes.

Monkheper le regarda avec dépit. Comment le pharaon pouvait-il le comparer à un brasseur de bière ? Son métier réclamait plus de doigté, plus de science, plus de savoir-faire.

– Tu ne me verras jamais filtrer ni faire fermenter ce mélange sucré que l'on se contente de placer dans des jarres, fermées avec de simples plats. Je veille à protéger mon vin dans des récipients scellés avec du plâtre et à ne les transporter qu'avec une infinie précaution. Mon vin n'est pas amer comme la bière et il ne tourne pas !

Thoutmosis réclama au père de Néfertary une coupe en faïence.

– Je connaissais ta réponse. Sers-moi donc du vin s'il t'en reste de la dernière récolte ! Les Égyptiens en boivent de plus en plus et délaissent la bière. Tu as donc raison de préférer l'un à l'autre.

– Crois-tu que j'aurais attendu la production de Thèbes ? J'ai fait venir du Delta deux mille jarres de vin, de la liqueur appréciée d'Osiris et des centaines de paniers remplis de raisin et de grenade.

– De quoi enivrer nos plus sérieux sujets, dit Thoutmosis. Sers-moi du vin blanc frais.

Monkheper entraîna le roi dans les sous-sols où étaient alignées des jarres recouvertes d'inscriptions. Thoutmosis y lut les détails sur la provenance du vin.

– Ces vins sont récents. Mais ceux-ci ont été soutirés trois ou quatre fois, expliqua le vigneron.

– Je préfère les plus jeunes.

– Tu as tort. Tu n'as jamais goûté un vieux vin bien conservé ! Pour éviter qu'il ne devienne âpre, je le soutire autant de fois que nécessaire. J'en fais cuire d'autres. Bien que mes concurrents refusent de poisser les jarres, il m'arrive de le faire selon la coutume des Hellènes.

Thoutmosis goûta le vin fruité qui venait du Delta. Il en apprécia l'arôme et le bouquet.

– Tu es vraiment aidé des dieux, lui dit-il.

– Vois ces branches qui courent le long des murs entourant ma propriété et ces arceaux autour desquels s'enroulent les sarments. Nous ne récolterons là que du raisin à consommer tout de suite. Nous n'en tirerons pas de vin.

Le roi admira sa cave.

– Pour mon mariage, je te commanderai du vin de Sin et d'Avaris. Je veux aussi du vin des oasis que j'apprécie et que tu m'as appris à connaître.

– Ton mariage ? demanda Monkheper, stupéfait. Mais Aménophis, notre grand et sublime pharaon, vient juste de nous quitter...

– T'ai-je parlé de dates ?

– Pharaon va-t-il nous punir parce que nous osons travailler en ces jours de deuil ?

– Tu as de la chance, Monkheper ! Je suis précisément venu te voir pour te réclamer du vin. Beaucoup de vin...

– Je ne comprends pas...

– La Régente Tiâa veut organiser le plus beau des festins pour l'enterrement de mon père. Tous les Égyptiens auront le droit de boire du vin de qualité. Nous voulons les meilleurs crus ! Tu es le seul à pouvoir t'occuper de ce service. Tâche de nous livrer des centaines de jarres !

– En aurais-je suffisamment ?

– Le jour des funérailles approche. Hâte-toi. Appelle ton scribe pour savoir ce qu'il te reste et fais-en venir de Memphis si nécessaire.

En passant devant des ceps noirs, Monkheper maugréa de nouveau et ordonna à une dizaine de paysans d'ôter les parties abimées par le soleil. Ils se placèrent sous les ceps et jetèrent dans des paniers, habituellement réservés aux grappes, les branches endommagées. Puis ils placèrent les couffins sur leur tête.

Le propriétaire des lieux vérifia aussi la propreté des cuves en pierre. Il aimait le bruit des grappes qui s'écrasaient sous les pieds et l'odeur qui s'en dégageait. Sur ses cuves avaient été représentées des scènes de vendanges chères à son cœur. Les cordes auxquelles les Égyptiens s'agrippaient pour piétiner le raisin et ne pas tomber étaient encore en place. Des crotales en bois, utilisés par des musiciens rythmant les danses des vignerons, se trouvaient devant les cuves. Il restait des traces de raisin autour des trous par lesquels s'écoulait le jus des cuves jusqu'à un bassin en pierre plus large.

Des sacs posés dans un coin permettaient de récolter le raisin écrasé avant qu'il ne soit placé dans un pressoir fiché dans le sol. Des récipients recevaient ce liquide qui était protégé dans des jarres énormes permettant la fermentation.

– Je tiens à utiliser des jarres plus petites, à fond pointu, pour le transport, expliqua Monkheper. Plutôt que de les porter sur l'épaule, mes hommes les déplacent à l'aide d'une perche.

Un scribe écrivait l'année de la mise en jarre des derniers récipients en provenance du Delta. Il ajoutait parfois le nom de Monkheper et reportait tous ces détails sur ses papyrus.

– Prions Cha, le dieu de la vigne, pour que la récolte soit bonne cette année ! dit Monkheper.

– Que crains-tu ? Tu as pensé à faire reproduire sur tes cuves le serpent à la coiffe d'Hathor. Cette déesse Renoutet, qui protège les moissons, veillera sur tes vignes. Tu lui as donné des offrandes de pains, de salades et de fleurs

– Nous l'avons abondamment honorée et les paysans l'ont remerciée au mois de Chemou qui marque les moissons. Qu'elle veille sur nos celliers autant que sur les greniers ou les habits de nos femmes !

Thoutmosis reprit du vin blanc. Habitué, comme tous les Égyptiens, aux boissons sucrées, il se régalait cependant de ce breuvage plus alcoolisé que la bière et prenait peu à peu goût à sa saveur.

– J'attends ta réponse, Monkheper, dit Thoutmosis. Seras-tu à la hauteur pour honorer les funérailles du grand Aménophis ?

– Je suis troublé et comblé que tu aies pensé à moi.

– Cette livraison exceptionnelle te dédommagera des coûts que tu as subis injustement en t'installant à Thèbes.

– J'en suis conscient et je ne remercierai jamais assez Pharaon de sa bonté et de sa compréhension.

– Pour me remercier, il suffit de remplir ta mission et de contenter la vénérable Tiâa.

– Je ferai mon possible en travaillant nuit et jour !

Comme Thoutmosis buvait encore, Monkheper crut bon de le mettre en garde.

– Avec la chaleur, tu risques de perdre l'esprit. Si tu dois réunir tes conseillers ou recevoir des ambassadeurs, tu t'endormiras devant eux plutôt que de les écouter.

– Pharaon a droit aux plaisirs. Te crois-tu le seul à pouvoir en profiter ?

Le roi voulut aussi goûter le vin rouge de Thèbes.

– Tu as raison, dit-il. Il est moins fin et beaucoup trop épais pour moi ! Tu n'en offriras pas à Aménophis. Mieux vaut garder pour le Seigneur des deux terres de meilleurs crus !

– Il peut accompagner des plats de viande ou de gibier. Mais il est trop âpre pour être bu ainsi. Je dis toujours que nous faisons ici fermenter du vin de table alors que nous produisons à Memphis du vin pour les palais délicats. Comment veux-tu que je gagne ma vie avec une telle cuvée ?

– Tu n'auras bientôt plus de soucis. Nous retournerons à Memphis après l'enterrement. Tu pourras y reprendre ton travail. Il était nécessaire de veiller aux préparatifs des funérailles d'Aménophis II. Tout est presque réglé. Je préfère, moi aussi, aller chasser ou pêcher dans le Delta plutôt que de courir avec une horde de hyènes derrière les lions du désert thébain.

Monkheper sourit pour la première fois.

– Que les dieux bénissent Pharaon qui ne m'apporte que de bonnes nouvelles ! dit-il. Quand pourrai-je préparer mes coffres ?

– Tu seras prévenu. Ta fille semble mieux s'acclimater

à cette région que toi. Elle aime la chaleur du sud égyptien.

– Ma fille ne fait pas de vin !

Monkheper s'interrompit. Il venait d'entendre le son d'un tambourin.

– Mes bateaux arrivent d'Avaris ! Courez-vite au débarcadère pour aider l'équipage à décharger ! Je ne suis pas sûr d'avoir fait venir assez de jarres ! Aussitôt ce vin débarqué, j'ordonnerai à mon équipage de redescendre le Nil vers Memphis pour m'en rapporter d'autres.

Tous les domestiques se précipitèrent vers le Nil, des paniers à la main.

– Prenez aussi des bâtons pour transporter les jarres...

Monkheper s'excusa auprès de son souverain.

– Fais ton travail, lui dit Thoutmosis, impressionné par la passion avec laquelle le vigneron faisait prospérer ses affaires.

Il le regarda courir lui aussi en distribuant ses ordres de tous les côtés. Il vilipendait les uns, encourageait les autres, conseillait de jeunes recrues.

– Décidément, je ne serais pas mécontent d'avoir un beau-père vigneron, dit-il en riant. Ce Monkheper me plaît ! Je suis persuadé qu'il saura contenter mon père bien-aîmé.

Thoutmosis savait qu'Aménophis le voyait d'où il se trouvait.

– Si Monkheper devenait mon beau-père, nous conclurions bien des traités pendant les banquets !

Mais sa mère lui prédisait sans doute un autre destin.

XVI

Les Égyptiens s'étaient montrés discrets jusqu'à l'enterrement de Pharaon. Ils restaient chez eux, prostrés, et ne sortaient qu'après avoir recouvert leur visage de terre argileuse. Ils n'hésitaient pas à exprimer leur douleur en imitant les gestes des pleureuses en se frappant la tête ou en répandant de la poussière sur leurs cheveux.

L'embaumeur avait achevé son travail. Les organes et le cerveau de Pharaon avaient été déposés dans quatre vases canopes. Le corps avait été nettoyé à plusieurs reprises puis salé avec du natron que l'on avait fait venir du Fayoum. L'embaumeur et son fils avaient rempli ce corps d'aromates. Après soixante-dix jours de deuil, le corps du roi défunt pouvait être de nouveau lavé avant d'être entouré de bandelettes en lin.

L'artisan avait également répandu de la gomme sur les bandelettes. Il avait bouché tous les orifices du corps avec de la cire : la bouche, les oreilles, le nez, les yeux. Le même produit avait servi à recouvrir la large ouverture qui avait permis d'extraire les organes. Les Égyptiens étaient convaincus que la cire permettait aussi sa cicatrisation.

La pièce où officiait l'embaumeur sentait la poix qu'il avait recueillie sur les conifères du Liban, le goudron, le cinnamome, le cèdre, le genévrier, les oignons, la résine, le natron et le vin.

La Régente Tiâa entra avec son escorte.

– Le grand jour arrive, dit-elle à l'embaumeur. As-tu achevé le travail pour lequel tu as été grassement payé ?

– Oui, Aîmée d'Hathor, répondit-il en se prosternant. Je possédais presque tous les aromates dont j'avais besoin. Comme la navigation entre Byblos et Thèbes s'effectue sans difficulté, j'ai pu acheter à quelques marchands de la résine de bonne qualité. Je n'attends plus que les bijoux dont tu veux parer Pharaon.

– Je te les apporte, répondit Tiâa en lui faisant signe de se relever.

Elle ressentit, toutefois, un pincement au cœur en voyant le visage jaune, les joues creuses et les lèvres amincies de son époux.

– Il semble avoir subitement vieilli, dit-elle en s'approchant de lui.

– J'étais en train d'entourer sa figure de bandelettes... dit l'embaumeur comme s'il s'excusait d'imposer une telle vision à Tiâa. Pharaon conserve toute sa beauté sur l'Autre Rive. Il ne faut pas se fier à ce teint de cire qui lui ôte sa belle apparence.

Tiâa fit ouvrir les petits coffres en bois ornés de pierres semi-précieuses que portaient ses serviteurs. Elle en sortit des bracelets, des colliers, des gorgerins, des boucles d'oreilles, des bagues et des sandales magnifiques.

– As-tu pensé à la feuille d'or ornée de l'œil oudja qui guérit les blessures et que je dois déposer sur sa cicatrice ?

Tiâa la lui tendit.

– Elle est lourde... constata l'embaumeur en la soupesant.

– Elle est en or plein.

– Son action sera d'autant plus efficace.

– J'ai également apporté un *Livre des morts* de belle présentation, conçu pour le roi.

– Nous le placerons entre ses jambes avant de refermer le couvercle du sarcophage.

– Voilà également le masque en or et le linceul.

– Pharaon restera resplendissant. Le mobilier funéraire est-il prêt ?

– Nous avons choisi les meilleurs ébénistes et les artistes les plus rapides. Hormis le mobilier cher à Pharaon qui l'accompagnera dans sa tombe, j'ai commandé pour lui de nouveaux meubles d'une grande beauté qui sont aujourd'hui en cours d'achèvement.

– Le roi est donc prêt pour le pèsement de son âme. Les années n'effacent pas les actes des humains. Les divinités se souviennent de tout au moment du jugement. Les fautes et les bonnes actions sont accumulées près de Celui qui a traversé le Nil.

– Oublierais-tu que tu parles de Pharaon ? protesta Tiâa. Aménophis II arrive devant les dieux juste de voix. Il ne redoute pas le jugement d'Osiris. Il avance libre et sûr de lui. Aménophis pourrait même entrer vivant dans le monde des morts tant il était pur et équitable. Il y rencontrera Osiris, coiffé de deux plumes, assis sur son trône en or, encadré des dieux Anoup et Thot. Comment imaginer que le roi soit jeté à la chienne qui punit les pécheurs ? Comment envisager qu'il orne son corps d'amulettes pour honorer Sokar alors que ses bienfaits furent beaucoup plus nombreux que ses péchés si tant est qu'il ait un jour péché.

– La vie est longue, Grande d'Éternité, répondit humblement l'embaumeur. Pharaon a été enfant avant de régner. Une existence sans tache n'existe pas.

– Tu as raison. Mais j'ai songé à faire écrire sur les murs de sa tombe représentant le jugement de son âme des formules de purification. J'y supplie avec Aménophis II les dieux d'oublier les péchés éventuels de Pharaon, de les effacer, de nettoyer son âme pour qu'il entre dans l'Ennéade totalement pur.

– Dans la salle des Vérités, Osiris, Nephtys et Isis seront sensibles à ces vœux. La balance à tête de Thot tranchera devant Anubis et les quarante protecteurs de la sagesse. Mais je sais qu'Aménophis II en tunique de lin saura plaider sa cause en niant fermement avoir commis des péchés, des malversations, des méchancetés ou des bassesses. Il niera à juste titre avoir dit du mal des dieux et maltraité les Égyptiens. Jamais il n'a exigé des scribes qu'ils augmentent les impôts injustement. Jamais il n'a volé de récoltes aux pauvres. Jamais il n'a empêché les mères d'allaiter leurs enfants. Jamais il n'a arrêté la montée du Nil. Jamais il ne s'est opposé à la sortie du dieu Amon hors de son temple pendant les fêtes essentielles.

– Crois-moi... Aménophis II s'adressera plus de trente fois à Osiris pour nier qu'il a commis un péché quelconque. Il utilisera la même défense devant tous les dieux présents, Celui qui casse les os, Celui qui boit le sang et Celui qui permet le passage dans l'Au-Delà. Plus de quarante dieux seront ainsi suppliés. Moi-même je répète aux dieux combien Pharaon était bon. Il distribuait du pain aux pauvres. Il offrait des dons aux dieux.

Il prêtait ses bateaux ou ses chars à qui en avait besoin. Il a donné de l'eau à celui qui avait soif et des pâtisseries à celui qui lui tendait les mains. J'ai même adressé des prières au cœur d'Aménophis II qui sera placé sur l'un des plateaux de la balance tandis qu'une statuette divine sera placée de l'autre côté.

L'embaumeur s'essuya les mains. Sa peau semblait attaquée par le natron. Aussi les trempa-t-il dans un récipient plein d'huile de palme qui avait également servi à l'embaumement.

– Anubis ne pourra que regarder les deux plateaux de la balance s'équilibrer et Thot écrire sur ses registres que Pharaon est juste de voix, conclut-il. La chienne n'aura plus qu'à partir se repaître ailleurs d'un véritable pécheur.

Comme Tiâa restait pensive, l'embaumeur préféra la rassurer.

– Le seul *Livre des morts* suffit à chasser les péchés des humains. Il est magique.

– Je ne suis pas inquiète. Je songeais seulement...

Mais Tiâa s'interrompit. Elle venait de se rappeler quel était maintenant son titre. Il lui était impossible de s'épancher devant un simple embaumeur. Aménophis II l'avait maintes fois suppliée d'être plus distante avec le peuple quand elle était reine. Maintenant qu'elle était régente, ces conseils étaient d'autant plus valables.

Elle aurait voulu dire à l'Égyptien que tout ce qui lui rappelait la disparition d'Aménophis la faisait souffrir. Elle le regarda étrangement.

– Pharaon était déjà juste de voix de son vivant, dit-elle. Il a offert tant de dons à Osiris ! Le dieu sait combien il est important d'être pardonné de ses péchés puisque lui-même a adressé maintes prières à Rê après sa bataille avec Seth et sa résurrection. Lorsque son cœur en turquoise fut placé sur un plateau de la balance et que la statuette de la Vérité, posée sur l'autre plateau, équilibra l'ensemble, Osiris savait qu'il entrerait dans le royaume de l'Au-Delà. Aménophis II connaissait l'épreuve du jugement et acceptait de s'y plier.

*
**

La tombe d'Aménophis II était achevée. Tiâa avait fait venir le grès et l'albâtre nécessaires à son achèvement de Saqqarah. La Régente laissa l'embaumeur entourer de bandelettes le visage du roi puis elle se rendit dans un autre atelier situé en plein cœur de la ville.

De l'extérieur résonnait le bruit des outils entrechoqués les uns contre les autres. Quand Tiâa pénétra dans l'atelier, la poussière la fit suffoquer. Un ouvrier était en train de polir le sarcophage en quartzite rouge d'Aménophis II. Un artiste commençait à graver les caractères hiéroglyphiques et les déesses qui embelliraient le sarcophage.

– Dès que tu auras terminé, je peindrai les creux en or, dit un peintre en caressant la surface polie du sarcophage.

– Tu peux déjà peindre l'intérieur. J'ai achevé d'y graver les divinités qui protégeront Aménophis pour l'Éternité.

L'Égyptien se pencha au-dessus de la large cuve. Le couvercle, déposé à terre, paraissait terminé. Sur le dessus avaient été sculptés Aménophis et à l'intérieur du couvercle la déesse Nout entourée des astres. Non loin de ce dernier sarcophage se trouvait un cercueil en argent, de plus petite taille, en forme de momie, placé à l'intérieur d'un sarcophage en granit.

– Tu pourras commencer à graver les yeux sur le côté droit, dit l'Égyptien qui polissait de toutes ses forces le sarcophage. Il te suffit d'ôter la poussière avec ce chiffon. Ainsi le roi pourra-t-il contempler éternellement le monde et ce qui s'y passe.

Accaparés par leur travail, ils ne virent tout d'abord pas Tiâa qui les observait dans l'encadrement de la porte. Quand elle se fit annoncer, ils l'honorèrent et lui expliquèrent l'avancée des travaux.

– Nous n'avons pas de temps à perdre.

– Ce sarcophage sera magnifique entouré d'objets précieux, reconnut Tiâa. J'ai prévu un lit à riches montants, des chars, des vaisseaux, des armes. Pharaon sera éternellement proche de la déesse. Il errera parmi les astres sans jamais se reposer. J'y ajouterai des fauteuils, des chaises, des tabourets, des armes, des bijoux, des jeux et une vaisselle extrordinaire pour qu'il déguste là-bas comme il le faisait ici les meilleurs plats.

– J'ai vu les vases canopes que vous avez créés en y représentant les têtes d'Amset, d'Hapi, du faucon Qebesenouf et du chacal Douamoutef. Je voudrais aussi des petits cercueils en or pour y déposer les organes de Pharaon. Je les ferai placer dans des vases d'albâtre aux reflets laiteux. Où se trouvent les statuettes qui serviront Pharaon dans les champs d'Ialou, qui bêcheront, récolteront, moissonneront, cuisineront, éventeront le roi et transporteront du sable de la rive est à la rive ouest ?

– Ici, répondit le chef d'atelier. Nous les avons faites en bronze et en faïence.

Toutes avaient la forme de momies. La plupart représentaient les traits des serviteurs d'Aménophis II. Leur nom et leur future fonction avaient été inscrits sur la statuette.

– Reste le matériel et les outils dont ces statuettes auront besoin. Nous sommes en train de fabriquer dans l'arrière-boutique des paniers, des palanches pour porter l'eau, des chadoufs, des pioches et des jarres en bronze.

– N'oubliez pas quelques statuettes de femmes. Le roi doit avoir un harem dans l'Autre Monde !

Le chef d'atelier n'avait osé aborder la question devant Tiâa. Mais, comme la Régente le réclamait, il lui montra plusieurs dizaines de jeunes femmes miniatures alignées sur un tréteau.

– Des Mitanniennes, des Égyptiennes, des Nubiennes... Voilà qui le comblera ! dit-elle, satisfaite. Je crois avoir pensé à tout. Je me suis tant de fois occupée de son harem dans sa vie terrestre !

– Doit-on ajouter d'autres femmes ? demanda le chef d'atelier. Souhaites-tu des filles originaires de contrées plus lointaines ?

– Non. Tu as fait un bon choix. Pharaon n'était pas aussi friand de femmes que son père.

– As-tu fait rassembler les objets que les parents et les amis du roi déposeront près du sarcophage ?

Tiâa le rassura sur ce point.

– La tombe de Pharaon est extrêmement large. Nous ne rencontrerons pas les mêmes difficultés que d'habitude pour y introduire son sarcophage et les objets les plus encombrants. Les chars et les bateaux pourront être tirés dans le couloir qui n'est pas en pente raide comme celui de la tombe de Thoutmosis III. Les courbes ont été supprimées. Il sera plus aisé d'y déposer les richesses d'Aménophis.

Comme le chef d'atelier réclamait un plan de la tombe, Tiâa lui promit de le lui faire porter.

– Ne le donne à personne d'autre, dit-elle fermement. La situation et le plan de cette tombe doivent rester secrets pour ne pas tenter les pilleurs. Ne le montre pas à tes ouvriers. Si j'apprends que tu n'as pas respecté mes volontés, je te ferai jeter aux crocodiles.

– J'accepterai ta sentence, Divine, répondit le chef d'atelier en se prosternant. Mais j'ai absolument besoin de connaître la configuration de cette tombe pour embaucher des hommes capables de mettre ce sarcophage en place sans l'endommager.

– Ton zèle t'honore. Ce quartzite est décidément très beau. J'aurais tant voulu qu'Aménophis voie son sarcophage terminé de son vivant.

– Mais il le voit en ce moment même...

– Tu as raison. Que les déesses l'écoutent ! Qu'Osiris l'accueille ! Que les champs d'Ialou lui semblent doux ! Que la vie éternelle se déroule pour lui dans un cadre agréable et enchanteur.

Tiâa ne cessait de répéter ces paroles comme pour rendre la vie de son époux éternellement heureuse.

XVII

Tiâa plongea ses mains dans les coffres qu'elle avait fait disposer les uns derrière les autres dans la chambre royale. Elle hésitait encore dans son choix.

– Ces colliers en or, en perles et en pierres sont tous magnifiques.

Elle mit un vautour en faïence autour de son cou et réclama un miroir.

– La Régente est belle comme la lumière de Rê, lui dit l'une de ses jeunes servantes.

– Ne me flatte pas, Amouta. Je préfère ce pectoral à double fermoir avec en pendentif ce scarabée entouré de deux déesses. Tout cela est destiné à Aménophis II. Aide-moi à faire l'inventaire.

Elles sortirent de nombreux pendentifs en forme de cœurs en turquoise ou en lapis-lazuli.

– Je vais faire graver le nom d'Aménophis sur tous ceux que l'on déposera dans sa tombe. Scribe ! appela-t-elle en se retournant vers celui qui prenait ses ordres. Prends note ! Je veux qu'un texte soit reproduit derrière le pectoral de Pharaon. Il faudra trouver un artiste capable de réaliser ce travail avant les funérailles.

Le scribe se rapprocha et s'assit sur un coussin placé

à même le sol. Ses jambes étaient si petites qu'elles couvraient à peine la surface du coussin.

– Il s'agit d'un texte pour le jugement de Pharaon. « Cœur, écoute-moi et exauce mes prières. Ne témoigne pas contre le roi devant les dieux du tribunal. Ne fais pas pencher la balance du mauvais côté. Conserve l'image de Pharaon intacte. Ne mens pas aux dieux en inventant des méfaits qu'Il n'a pas commis... »

– Grande parmi les Divines, permets-moi de t'interrompre. Ce texte merveilleux ne peut être plus long. Sinon, il sera impossible de le reproduire sur le pendentif.

La Régente reprit le vautour dans ses mains.

– Il reste de la place sur les ailes. Qu'on écrive ces mots à cet endroit...

Pendant ce temps, Amouta continuait à compter les bracelets en bronze, en argent et en or massif. Elle déposa avec beaucoup de précaution les bagues dans un coffret plus petit et tria les amulettes.

– Certaines sont légèrement brisées, dit-elle. Que dois-je en faire ? Les jeter, les mettre de côté ou les garder ?

– Malheureuse servante, tu jetterais des bijoux, portés par Pharaon, qui chassent le mauvais œil ! Montre-les-moi !

Tiâa constata, en effet, que quelques yeux oudja étaient cassés et que des animaux avaient la tête brisée.

– Conserve les faucons et les serpents, gardien des clefs de l'Au-Delà. Je préfère ne pas jeter les représentations d'Osiris même si elles sont endommagées. Mets juste celles-ci de côté...

Tiâa regarda avec satisfaction les objets qui s'étaient

ajoutés à ces bijoux anciens : des armes, des sceptres, des cannes miniatures.

– Je crois que la vie de Pharaon est enfin prête pour l'Autre Monde. Contactons l'orfèvre pour le texte. Thoutmosis saura faire renaître le nom de son père toutes les fois qu'il sera nécessaire. Il entretiendra son souvenir comme il le mérite. Thoutmosis IV saura transmettre à son tour, lorsque le moment sera venu, cet héritage à son fils qui s'occupera alors de la tombe de son grand-père et de ses aïeux. Au jour de l'an, Aménophis II sera célébré. Pains et bière lui seront offerts par les prêtres. Des fêtes identiques recommenceront quelques jours plus tard jusqu'à ce que le roi défunt soit rassasié.

Thoutmosis proposa à sa mère de s'occuper lui-même de la gravure du texte. Il connaissait un orfèvre qui avait réalisé pour les femmes du harem de remarquables travaux.

Avant de se rendre chez l'artisan, Thoutmosis décida de transmettre, lui aussi, ses instructions à tous ceux qui seraient réquisitionnés pour les funérailles royales. Devant l'ampleur du travail, les trois quart des Égyptiens qui servaient au palais feraient le voyage vers l'Autre Rive pour accompagner Aménophis II jusqu'à sa dernière demeure.

– Je souhaite davantage de pleureuses. Qu'elles répandent toutes du limon sur leur visage. Qu'elles se lamentent en déchirant leur tunique et en se frappant la tête. Je veux aussi qu'elles aient les seins nus recouverts de poussière en signe de deuil.

Thoutmosis attendit quelques instants que son scribe ait achevé d'écrire ce qu'il venait de dire. Lorsqu'il vit la main du scribe suspendue au-dessus du papyrus, il poursuivit.

– Tous les membres du cortège vont chanter en marchant des bords de la rive ouest jusqu'à la tombe d'Aménophis II. Le parcours est long et éprouvant. Je ne souhaite pas que nous entamions des hymnes différents dans une inaudible cacophonie. Informe tous ceux qui seront dans le cortège qu'ils reprendront les paroles des prêtres. J'ai choisi des chants qui rappellent la vie de mon père, qui décrivent sa future existence et qui citent les biens qui l'accompagnent dans sa tombe.

Thoutmosis s'arrêta de nouveau pendant que le scribe enduisait d'encre son calame.

– Voilà comment sera composé le cortège : les premiers serviteurs porteront les fleurs, les friandises, les petites jarres, les vases et les coffres contenant les statuettes d'Aménophis. Si les jarres sont trop lourdes, qu'ils utilisent des palanches. Ensuite viendront ceux qui transporteront le mobilier, les lits, les tabourets et les chars puis ceux qui veilleront sur les vêtements du roi, les statues, les sceptres, les cannes, les éventails et les parasols. Je veux que les serviteurs chargés des bijoux les tiennent devant eux sur des coussins pourpres pendant toute cette marche. Ils pourront être contemplés par le peuple.

Thoutmosis IV hésita.

– Les hommes qui porteront le sarcophage devront être extrêmement vigilants et robustes. Qu'on me propose quelques noms et qu'on me les présente. Je verrai s'ils conviennent. Quant au catafalque qui protégera le sarcophage...

Thoutmosis ne savait s'il choisirait un catafalque en bois.

– Ce ne sera guère élégant, dit-il à son scribe.

– Sauf s'il est décoré tout autour de rideaux légers d'une belle couleur.

– J'approuve cette idée. La barque d'Aménophis est déjà ornée d'étoffes. Les prêtres ont préparé les statues de Nephtys et d'Isis qui encadreront l'ensemble. Tout est dit.

*
**

Thoutmosis appela aussitôt sa garde et se rendit lui-même chez l'orfèvre qui lui avait promis de lui montrer plusieurs exemples de gravure. Il lui arrivait de lui acheter des bijoux pour les femmes du harem flattées d'être ainsi choyées par le roi.

Dès qu'il entra dans le jardin qui précédait l'atelier et la boutique de l'orfèvre, dont la réputation dépassait largement les environs de Thèbes, Thoutmosis reconnut les voix d'Amenpafer et du fils de Sobek.

– Je veux un bijou exceptionnel, disait Amenpafer, quelque chose d'unique.

« Je reconnais là la fidélité d'Amenpafer. Il commande les plus beaux bijoux pour Aménophis. », se dit Thoutmosis IV.

– Attendez-moi là ! ordonna-t-il à ses gardes.

Mais les propos de l'orfèvre et d'Amenpafer le surprirent.

– Ainsi donc tu as des nouvelles de ta sœur Sheribu... Pourquoi a-t-elle quitté Thèbes ? Quand va-t-elle revenir ? Le roi lui offrait tant de bijoux ! Elle possédait les plus belles de mes pièces et elle les portait merveilleusement !

– Je ne puis répondre à toutes tes questions. Sache

seulement qu'elle se porte bien et que son fils est également en bonne santé. Je veux lui offrir ce bijou pour lui prouver combien elle me manque. Peut-être l'inciterais-je ainsi à revenir en Égypte...

– Tes paroles laissent entendre qu'elle a quitté notre pays...

L'orfèvre apporta sur un plateau des bagues en or et des bracelets en pierres semi-précieuses. Il les déposa sur la table. Thoutmosis espérait en savoir plus. Mais l'artisan remarqua son ombre devant sa porte.

– Je vous laisse regarder tous deux ces bracelets. Un client me cherche.

Lorsqu'il reconnut Thoutmosis IV, l'orfèvre se réjouit encore davantage. Cette journée lui était décidément favorable. Au nom du Pharaon, Amenpafer rougit. Il s'écarta de la table et inventa une excuse pour se retirer. Mais Thoutmosis l'invita à rester.

– Sans doute choisis-tu des bijoux pour mon père défunt, lui dit-il. Il t'en sera éternellement reconnaissant. Je constate que tu as demandé à voir les plus belles pièces. Tu as conscience que ta carrière a été rapide et florissante grâce à Aménophis II et à Thoutmosis III. Je comprends que tu veuilles les remercier. Le fils de Sobek aurait-il les mêmes intentions ?

– En effet, répondit ce dernier. Je suis d'autant plus attentif aux présents que je vais faire au roi que Thoutmosis III était notre parent et qu'Aménophis II m'a protégé pendant son règne.

– Tu peux parler ainsi. Mes parents t'ont toujours soutenu malgré les manigances de ta mère !

– Comme toutes les mères, les ambitions qu'elle avait pour son fils étaient démesurées.

– Je suis heureux de te l'entendre dire, répondit sèchement Thoutmosis.

Puis il s'adressa à l'orfèvre.

– As-tu réfléchi aux gravures que tu avais promis de me montrer ?

– Bien sûr, Nouvel Horus d'or, Seigneur tout-puissant. J'ai ce dont tu as besoin. Attends-moi là. Je reviens tout de suite...

L'orfèvre, ravi, disparut pour réapparaître avec des pendentifs de belles tailles représentant des vautours aux ailes déployées en pierres semi-précieuses rouges, turquoise, vertes, d'un somptueux éclat.

– Voilà très précisément ce qu'il me faut, lui dit Thoutmosis. Puisque tu réussis à graver un long texte sur ces pendentifs, tu pourras inscrire les mots de Tiâa sur le collier que portera Pharaon dans son sarcophage.

L'orfèvre retourna les pièces.

– Quelle écriture fine et élégante ! Elle n'en est pas moins parfaitement lisible. Celle-ci me plaît particulièrement. Je te donne le texte de la vénérable Régente. Reproduis-le très exactement sur le pendentif de Pharaon.

Thoutmosis déroula le papyrus qu'il avait soigneusement glissé dans sa ceinture. Il ne voulait confier ce message à personne. L'orfèvre demanda l'autorisation de le lire.

– Fais et donne-moi ton avis, dit Thoutmosis.

L'orfèvre lut tout bas les mots dictés par Tiâa.

– Voilà une magnifique prière. Je réaliserai une gravure plus belle encore que celle-ci !

– J'ai confiance en ton talent.

– Je suis à tes ordres, répondit l'orfèvre. Qui m'apportera l'objet ? Dois-je venir le chercher au palais ?

Sans répondre, Thoutmosis claqua des doigts. Un Égyptien qui l'avait accompagné jusqu'à la porte de l'artisan s'avança timidement.

– Dis aux gardes d'approcher. Qu'ils apportent le coffret !

Le petit et jeune Égyptien se courba en plaçant sa main sur sa poitrine puis il se retira à reculons. Il était si frêle et si discret qu'on n'entendît même pas ses sandales fouler le sol.

– Puisque tu jures devant les dieux que ce travail sera achevé avant le jour des funérailles, je te le confie, dit Thoutmosis à l'orfèvre. Mais attention ! Tu seras responsable du bijou que je vais te remettre !

Les deux gardes de Thoutmosis entrèrent bientôt dans l'atelier. L'un d'eux déposa un coffret sur la table à côté des bracelets que contemplait toujours Amenpafer. Thoutmosis en sortit le pendentif choisi par Tiâa.

– Quelle merveille ! s'exclama l'orfèvre en le prenant délicatement dans sa main. J'ai rarement vu des pierres aussi lumineuses ! Je suis comblé de pouvoir faire un tel travail ! Les dieux m'apportent un grand bonheur en ce jour. Aussi ai-je décidé de travailler en souvenir de notre maître sans rien demander en retour au nouveau roi d'Égypte.

– Je refuse catégoriquement !

Comme l'orfèvre insistait, jugeant sans doute plus astucieux de perdre une récompense pour en gagner d'autres, Thoutmosis lui proposa un marché.

– Je comprends que tu veuilles honorer la mémoire de mon père. Je ne puis t'en empêcher. En revanche, je vois là de très beaux bracelets et je vais t'en acheter un.

Thoutmosis se prit à songer à Néfertary qui le comblait. Non seulement, la jeune femme était belle et intelligente mais elle avait un caractère affirmé et une culture qui l'étonnait.

– Puis-je t'aider à faire ton choix ? Veux-tu un bijou pour une femme mûre, pour un homme ou pour une tendre jeune fille ? Pour une Égyptienne ou une étrangère ? Est-ce une surprise agréable ou un présent pour conclure un contrat ?

– Tu es bien curieux, lui répondit Thoutmosis en se tournant vers Amenpafer qui ne perdait aucune de ses paroles. Donne-moi celui-ci. Il me plaît.

– Il est destiné à une très jeune femme...

Thoutmosis pointa vers lui un doigt menaçant.

– Ne joue pas au plus fin et contente-toi de me vendre ce bijou sinon je pourrais bien m'adresser à l'un de tes concurrents. Ils ne manquent pas sur le marché et dans les boutiques de Thèbes !

L'orfèvre le supplia de n'en rien faire.

– Je voulais juste t'aider, lui dit-il. Dois-je graver quelques mots ?

– Ce ne sera pas utile.

Puis il regarda Amenpafer droit dans les yeux et lui dit :

– Nous déposerons sur les présentoirs les bijoux que vous aurez achetés pour le roi défunt. Ainsi tous les Égyptiens auront l'occasion d'applaudir votre dévouement et votre générosité envers Aménophis II, plus grand encore dans l'Autre Monde que dans notre vie terrestre.

XVIII

Néfertary s'était empressée de porter le bijou que Thoutmosis lui avait acheté. Jusqu'au jour des funérailles, elle le montra à toutes les femmes du harem et se réjouit de ce présent qui rendit plus d'une Égyptienne jalouse.

Cependant, Néfertary n'était pas femme à susciter les convoitises. Elle affichait son bonheur d'être choyée par le roi parce qu'elle éprouvait pour Thoutmosis des sentiments particuliers.

Après s'être longuement préparée, elle rejoignit les femmes du harem qui s'étaient déjà placées dans le cortège funéraire. La responsable lui jeta un regard noir.

– Le cortège va progresser en direction du Nil dans quelques instants et tu arrives seulement maintenant !

Néfertary s'excusa. Elle marcha la tête basse derrière les serviteurs de Pharaon. Les Égyptiens se dirigèrent très lentement vers les rives du Nil où étaient stationnées les barques décorées d'étoffes. En tête du cortège se trouvaient Tiâa et ses enfants. Les pleureuses se lamentaient tandis que les prêtres agitaient leurs encensoirs.

Dès qu'ils parvinrent devant l'embarcadère, les Égyptiens rendirent hommage à Amon comme les y invitait

Tiâa. La barque la plus grande avait la proue et la poupe en forme de lotus. Plusieurs Égyptiens robustes portèrent le catafalque et les statues divines jusqu'à la cabine centrale entourée de rideaux.

Néfertary fut émue de découvrir un autre visage de Thoutmosis. Celui-ci était si bouleversé qu'il en oubliait de distribuer ses ordres. Le grand prêtre, vêtu d'une peau de panthère lui laissant l'épaule droite découverte, promena son encensoir autour du catafalque et des effigies d'Isis. Une autre barque s'approcha du bateau principal.

– Lancez les cordes ! cria le pilote du vaisseau divin. Je vais moi-même les attacher solidement pour que vous puissiez tirer ce bateau sans l'endommager !

Le capitaine du second bateau s'exécuta. Il attendit que le pilote se fût emparé d'une longue rame puis il ordonna à son équipage d'avancer. Sur la rive, les pleureuses redoublèrent de sanglots. Le grand prêtre fit brûler de la résine qui embauma l'air. Tiâa retint ses sanglots alors que la barque de son époux progressait lentement en prenant la direction de l'Autre Rive.

– Le grand moment est venu, lui dit Thoutmosis.

Les pleureuses se frappèrent la poitrine et entraînèrent l'assistance dans une lamentation collective. Elles ne cessaient de répéter les mêmes mots :

– Que l'on gagne l'Autre Rive, lieu de bien-être ! Femmes, pleurez Aménophis II. Allez dans la sérénité vers l'ouest, terre d'accueil. De même qu'Isis a pleuré son époux Osiris assassiné, versez des larmes pour le disparu !

Les Égyptiens prirent place dans des barques à poupe recourbée. Le mobilier fut également placé dans des embarcations légères. Tiâa s'avança alors près de la barque royale et elle s'apprêta à parler. Les pleureuses se turent aussitôt. Il tomba sur Thèbes un étrange silence.

Après avoir respiré profondément et regardé ses enfants, Tiâa dit tout haut d'une voix cassée par l'émotion :

– Tu étais Pharaon d'Égypte mais tu étais aussi mon compagnon, mon complice, mon frère, mon ami, mon confident. Même si nous t'emmenons vers l'Autre Rive, reviens vers moi. Reste auprès de tes enfants et de ton épouse qui te chérissent. Égyptiens ! Que cette dernière navigation se passe lentement. Vous serez de retour chez vous dès ce soir alors que Pharaon accomplira son dernier voyage. Ramez calmement ! Pilotes, dirigez vos barques en souplesse !

Le peuple égyptien parut, lui aussi, bouleversé par ces paroles. Les femmes pleuraient. Les enfants regardaient leurs parents de leurs yeux hagards. Tous les Thébains étaient unis dans la douleur.

– Paix, paix à Pharaon ! Qu'il aille tranquillement vers l'occident ! crièrent-ils tandis que le prêtre reprenait un hymne à la gloire des dieux.

Le cortège de barques progressa sans à-coups sur le Nil. La plupart des Égyptiens exprimaient encore leur douleur sur la rive des vivants. Thoutmosis garda le silence. Il respectait la douleur et le recueillement de sa mère. Ses sœurs cachaient mal leur tristesse.

Sur la rive ouest bordée d'herbes et de roseaux, chantaient déjà d'autres Thébains. Des marchands avaient dressé des étals à la hâte afin de vendre des objets nécessaires au recueillement. Les boutiquiers avaient également changé leur devanture pour proposer des objets plus adaptés à la situation.

Plusieurs Égyptiens se précipitèrent vers les barques avant même qu'elles aient accosté. Ils saisirent les objets que leur tendaient les membres d'équipage. Les pièces les plus lourdes étaient tirées avec des cordes. Chacun prenait soin de ne rien endommager. Puis les Égyptiens reprirent les mêmes places qu'à l'aller.

Thoutmosis fit avancer un char attelé de plusieurs vaches blanches.

– Qu'on place sur ce char la barque transportant Isis et Nephtys !

Le catafalque fut, lui aussi, disposé sur un chariot puis le cortège reprit son chemin. Il progressa à travers les champs jusqu'à la limite du désert. L'ascension vers la Vaste Prairie commença sous un soleil ardent. Des porteurs s'emparèrent du catafalque et le placèrent sur leurs épaules. Deux prêtres tenaient un encensoir et entouraient le cortège de nuages parfumés.

– Que la déesse de la fertilité reçoive mon époux, dit Tiâa en invoquant Hathor.

Tout autour d'eux s'étaient installés des marchands qui vendaient des boissons Quand le cortège parvint enfin devant le tombeau d'Aménophis, Tiâa prononça un nouveau discours poignant et rapide. Les femmes présentes évoquèrent le départ de Pharaon puis le prêtre ordonna que l'on dressât un tréteau.

– Qu'on y place des mets, de la bière, un couteau et tous les instruments nécessaires à la survie de Pharaon.

Le cercueil fut extrait du catafalque. Des dizaines d'Égyptiens pénétrèrent dans la tombe pour déposer les objets du roi défunt. Puis le cercueil fut placé dans le sarcophage que la Régente avait pris soin de faire mettre en place dans la salle funéraire. Les membres de la famille royale entrèrent chacun à leur tour dans le tombeau afin d'y offrir leur don au roi.

Thoutmosis demeura longtemps devant le sarcophage en quartzite rouge.

– Il est maintenant temps de placer le couvercle et de banqueter, lui dit Tiâa. Grâce au prêtre, l'âme de Pharaon est éternelle.

La chambre funéraire ressemblait à un véritable palais. Les bijoux, le mobilier, les paniers de fruits et de fleurs étaient de toute beauté. Tiâa avait même placé un cône parfumé sur sa chevelure pour embaumer la pièce. Un véritable trésor s'étalait devant les yeux des Égyptiens présents.

Tiâa observa une dernière fois les vases canopes.

– Tu n'as rien oublié, lui dit Thoutmosis qui devinait sa pensée.

Il raccompagna sa mère à l'entrée de la tombe et ordonna aux ouvriers de murer le tombeau. Tiâa pâlit. Les porteurs qui avaient installé le cercueil dans le sarcophage et qui avaient longuement peiné sur le chemin se désaltérèrent et s'assirent contre les flancs d'une colline. Quand ils eurent bu de la bière fraîche achetée à un marchand ambulant, ils sortirent des coffres restants de la nourriture et des boissons puis ils aménagèrent un lieu de festin, non loin de la tombe d'Aménophis.

Un chanteur et un harpiste interprétèrent un hymne rappelant tout ce que les vivants avaient fait pour rendre le pharaon heureux dans l'Au-Delà. Certains ouvriers étaient déjà repartis vers le massif de l'Assassif pour enterrer à la hâte de simples Égyptiens dans le cimetière des pauvres gens.

Néfertary se détacha des femmes du harem qui restaient silencieuses depuis la fermeture de la tombe. Elle ouvrit un panier et en sortit des pains qu'elle disposa à côté des mets. Sans craindre les représailles de la Supérieure, elle se rapprochait de Thoutmosis et mourait d'envie de lui adresser la parole. Mais un regard sévère de son père l'en dissuada.

– Que fais-tu ma fille ? lui demanda-t-il. Je t'observe et trouve ton attitude étrange. Oublierais-tu que tu es au service du nouveau roi ? Que signifient ces rougeurs sur tes joues et ces yeux alanguis ? Me croirais-tu trop vieux pour ne pas deviner tes sentiments ?

Au lieu de rejoindre les autres filles, Néfertary tint tête à son père tout en disposant des pâtisseries au miel sur un tréteau. Le bruit des instruments jouant en l'honneur d'Aménophis couvrait leurs voix.

– Que vas-tu imaginer, père ? Tu me surveilles comme une enfant alors que je fais partie du harem de Pharaon. Thoutmosis n'est pas homme à mépriser ses femmes. Regarde ce bijou...

Le vigneron s'approcha et admira la splendeur des couleurs.

– Il s'agit d'un cadeau de notre Pharaon, lui dit fièrement Néfertary.

– Ne te méprends pas sur ce geste amical et bienveillant. Voilà la preuve que Thoutmosis sera un roi généreux et attentionné.

– Mais le roi n'offre pas des bijoux à toutes les femmes du harem...

– Qu'en sais-tu ? J'ai ouï-dire que Pharaon était très attaché à une princesse étrangère...

– N'invente pas, père. Je connais Thoutmosis et je n'ai jamais entendu cette histoire.

Thoutmosis s'approcha de nouveau de la tombe de son père, un bol d'offrandes à la main.

– Orfèvre, dit-il à l'Égyptien qui avait gravé le pectoral d'Aménophis, serais-tu capable d'écrire sur ce bol une pensée agréable pour mon père ? Je vais déposer ces offrandes devant sa tombe.

– Je n'ai pas mes outils, Grand Pharaon.

– Je ne te demande pas de réaliser des merveilles mais d'inscrire seulement une phrase...

Thoutmosis réclama un outil à l'un des ouvriers et le tendit à l'orfèvre. Dans la Vaste Prairie résonnaient des bruits insolites de vaisselle. Chacun s'apprêtait à dîner tout en écoutant les chants doux des musiciens. La tristesse faisait peu à peu place à la joie et au plaisir de se mettre à table après une rude marche sous le soleil. Rê devenait moins agressif. La plupart des Égyptiens s'étaient allongés près des tréteaux. Certains marchands se joignirent à eux.

Thoutmosis s'avança seul vers le tombeau d'Aménophis. Il portait devant lui le bol rempli de fruits. Il leva alors les yeux au ciel et réclama l'attention des dieux puis il parla à son père comme s'il se trouvait encore en face de lui.

– Nous viendrons chaque jour t'apporter des offrandes dignes du roi que tu fus. Que les dieux me permettent de t'égaler et de protéger l'Égypte. Tu nous manqueras. Mais ton *ka* maintenant se réjouit et vagabonde dans les champs du bonheur. Nous t'avons donné ce qu'il y avait de plus beau et de meilleur. J'espère que tu es comblé.

Puis il rejoignit les membres de la famille royale. Néfertary croisa alors son regard. Ses yeux charriaient tant de tendresse et de compréhension qu'il en fut réconforté comme si une douce chaleur avait soudain envahi son être en lui redonnant une nouvelle raison de vivre et une force inattendue.

XIX

Quelques jours après les funérailles, Thoutmosis demanda audience à sa mère.

– Je voulais te l'annoncer avant tout le monde, lui dit-il. J'ai décidé de me marier.

Tiâa ne s'attendait pas à une telle nouvelle.

– Tu ne me demandes pas si une femme me plaît plus qu'une autre. J'ai peut-être fait un choix pour toi.

– Je vais épouser une femme du harem. Elle s'appelle Néfertary.

– Une femme du harem ?

– Ne t'oppose pas à ce mariage.

– Mais tu es Pharaon ! Tu dois épouser l'une de tes sœurs...

– Je n'en ai pas l'intention, par Hathor. Qu'importe si je romps avec la tradition. Après tout, la reine Ahmose était mariée au général Thoutmosis.

– Parce qu'elle n'avait pas de frère !

Tiâa perdit son calme pour la première fois.

– As-tu déjà parlé de tes intentions à cette Néfertary ?

– Non. Mais je vais le faire dès que je t'aurai quittée. Quand j'aurai une épouse et qu'elle attendra un hériter, je partirai pour la guerre.

– Réfléchis davantage. Tes sœurs sont charmantes et intelligentes. Elles ont eu une éducation exemplaire.

– Néfertary également.

– Que font ses parents ?

– Son père est vigneron. C'est lui qui a fait livrer au palais les boissons que nous avons offertes à Pharaon. Il possède un domaine à Memphis. Il traite avec les marchands du monde entier.

– Et sa mère ?

– Elle est morte depuis plusieurs années.

– C'est une chance que tu n'aies pas révélé tes sentiments à cette fille. Elle aurait été attristée par mon refus.

– Je te savais tolérante, mère. Tu me montres là un visage sévère.

– Je pense à ta descendance et à notre famille. Tu es jeune et fougueux. Je doute que tu aies suffisamment réfléchi avant de me parler. Si j'étais convaincue de ta maturité, je ne discuterais pas tes décisions.

– Tous les Égyptiens reconnaissent ta grandeur d'âme et ton ouverture d'esprit. Or, tu ne me parles que de tradition et de coutumes qui remontent à nos plus lointains ancêtres constructeurs des pyramides.

– Le sang royal se transmet par les femmes. Il est primordial que tu acceptes cette vérité et que tu considères tes sœurs avec un autre regard. Je comprends, cependant, que tu hésites entre elles.

Mais Thoutmosis IV resta sur ses positions. Il se rendit aussitôt au harem royal et s'entretint en privé avec Néfertary qui se réjouit une nouvelle fois de le voir.

– Tu viendras me rejoindre dans la chambre royale après le dîner, lui dit-il. Je dois te parler.

Néfertary se montra réticente. Comment oserait-elle

entrer dans la chambre royale alors que sa place était au harem.

– Ne discute pas mes ordres. Viens juste après le dîner.

– Pharaon ne mange pas ce soir avec nous ?

– C'est impossible. Je reçois des ambassadeurs nubiens.

Néfertary s'inclina. Elle se demandait pourquoi le roi souhaitait lui parler en privé. « Je lui ai sans doute déplu. Peut-être va-t-il retourner à Memphis et me laisser dans ce harem de Thèbes. »

Soucieuse, Néfertary ne put même pas avaler une galette de céréales. Elle passa son temps à se parfumer et à se maquiller, se fardant avec outrance, supprimant ensuite l'excès d'huile sur son visage. Elle rougissait ses lèvres, noircissait le contour de ses yeux, ombrait ses paupières de vert. Elle avait même refusé l'aide d'une maquilleuse professionnelle car elle se sentait incapable de rester en place très longtemps.

Mécontente du résultat obtenu, elle s'empara d'un peigne en ivoire et se coiffa avec des mouvements nerveux. Elle ne cessait d'observer le soleil rougeoyant en train de se coucher derrière les palmiers.

– L'heure est venue, dit-elle. Rê a disparu. Que les dieux le fassent renaître demain.

Elle se laissa vêtir d'une tunique moulante et transparente resserrée à la taille par une fine chaîne en or. Alors qu'elle allait sortir de sa petite chambre fermée par un simple rideau, elle revint sur ses pas et ouvrit le petit coffre qui se trouvait sur une table encombrée de miroirs aux manches en forme d'Hathor et de lotus.

– J'allais oublier le cadeau de Pharaon, dit-elle. Si le

roi a l'intention de se plaindre de moi, ce don adoucira peut-être sa colère.

Elle se demandait encore pour quelle raison Thoutmosis IV s'était adressé à elle dans des termes si violents sur un ton sec et si peu chaleureux.

– Il est si doux, si agréable lorsqu'il me parle. Que se passe-t-il ? Mon père aurait-il commis une faute grave ? Il est parfois incapable de se taire.

Elle portait une coiffure très simple. Ses cheveux n'étaient retenus que par un bandeau en lin qu'elle avait elle-même noué derrière la tête. Comme le roi avait donné ses instructions à la Supérieure, Néfertary put quitter aussitôt le harem. Les autres femmes s'étonnèrent de son absence.

Aux portes du harem l'attendaient deux gardes du roi qui l'invitèrent à les suivre. Néfertary marchait en silence. Thoutmosis IV patientait. Il était assis dans un très large fauteuil aux accoudoirs en bois sculptés et dorés. Le dossier, lui aussi, était en bois. Néfertary s'avança timidement dans la pièce. Elle avait l'impression de déranger les réflexions du roi. Celui-ci semblait prostré. Il ne remarqua pas immédiatement sa présence tant il était concentré.

– Te voilà, dit-il simplement en faisant un simple geste pour l'inviter à se relever. Prends un siège. Mange des fruits et bois cette bière.

Bien qu'elle préférât le vin de son père, Néfertary n'osa refuser. Elle trempa à peine ses lèvres dans la coupe pleine de bière tiède et amère, se retenant de grimacer. La douceur des dattes ôta l'amertume qui envahissait sa bouche.

– Néfertary, j'ai décidé de faire de toi ma Moutemuia.

– Je ne comprends pas.

– Tu porteras désormais ce nom. Il évoque Mout la femme d'Amon qui habite près du lac de Karnak.

– Il évoque aussi la mère.

– Et tu seras mère, répondit Thoutmosis. Car tu porteras l'héritier de l'Égypte !

Néfertary pâlit. Elle craignait d'avoir mal interprété les propos de Pharaon.

– Tu seras mère mais tu seras aussi Grande Épouse royale, Divine, pleine de louanges, généreuse, lumineuse d'amour et de bonté, parfumée de rose, Maîtresse de Haute et Basse-Égypte. Toi qui seras approuvée par tous les dieux, tu mettras au monde un roi. Tu pourras alors t'asseoir au centre de la barque royale et remonter le Nil en songeant à ton fils, le futur Pharaon.

– Pharaon se moque-t-il de Néfertary ?

– Tu es trop intelligente pour ne pas avoir compris mon discours. Tu seras bientôt la Grande Épouse royale de ce pays et si tu dois avoir recours à Amon pour concevoir un héritier, je saurai lui laisser mes traits et m'éclipser car je ne veux que ton bonheur. Tu pourras ainsi t'unir à Amon pendant que Menkheperourê se réjouira de cette union. Nous ferons alors reproduire cet acte divin sur le temple de Louxor.

Néfertary se retint de dire au roi qu'il était beaucoup trop jeune pour penser déjà à son successeur. Elle se doutait que Tiâa n'accepterait pas aussi facilement le mariage de son fils adolescent.

– Je me plierai aux volontés de mon maître, répondit, cependant, Néfertary. Mon cœur est comblé. Les dieux m'apportent le plus beau cadeau qui soit.

– Je t'ordonne de n'en parler à personne. Retourne

maintenant au harem et comporte-toi normalement. Je te dicterai ta conduite. Mais auparavant, accepte ceci...

Le roi claqua des doigts. Un serviteur lui apporta aussitôt un coffre à bijoux qu'il tendit à Néfertary.

– Ouvre-le.

La jeune Égyptienne souleva lentement le couvercle et resta médusée par la beauté du gorgerin niché dans la boîte.

– Si tu le retournes, tu y trouveras gravé le nom de Moutemuia !

Néfertary tomba aux genoux de Thoutmosis et pleura d'émotion.

– Il est si beau ! Tu m'avais déjà comblée de tes dons...

– Rien n'est assez beau pour la future Grande Épouse royale, dit-il. Essaie-le.

Il appela une servante qui attacha le large collier derrière le cou de la jeune femme.

– Il est plus digne d'un pharaon que d'une épouse, reconnut modestement Néfertary.

Thoutmosis IV s'étendit sur un divan et invita Néfertary à s'installer sur celui qui se trouvait à côté du sien. Il lui prit la main et caressa ses doigts avant de les embrasser.

– Ce n'est pas là ma place, dit-elle encore. Je ne suis qu'une simple Égyptienne. Tu descends du divin Aménophis.

– Oublie tes origines obscures pour ne plus songer qu'aux enfants que nous aurons. Comme je suis très jeune et que j'apprécie les femmes même si je préfère la chasse à l'amour, tu devras te montrer très compréhensive. Il est parfois difficile d'être l'élue d'un roi. Ma mère t'initiera à tes futures fonctions.

Néfertary frémit. Si elle adorait, comme tous les Égyptiens, l'équité et la douceur de Tiâa, une belle-mère, même charmante en public, pouvait se révéler une véritable furie face à l'épouse de son fils.

– Lui as-tu parlé de moi ? ajouta-t-elle timidement.

– Oui. Juste avant de te voir.

– Et quelle a été sa réaction ?

– Qu'importe ! Que les déesses l'aident à accepter mon choix. Elle t'aimera bientôt autant que moi.

Néfertary doutait, cependant, que Thoutmosis IV éprouvât pour elle des sentiments amoureux. Elle le jugeait inexpérimenté dans ce domaine et trop tendre pour vouloir vraiment s'engager. Elle était consciente qu'elle deviendrait Grande Épouse parce qu'un pharaon a besoin d'une femme et d'héritiers. Mais elle avait aussi la faiblesse de penser que Thoutmosis éprouvait pour elle plus que de l'amitié.

Le pharaon se leva et invita Néfertary à faire de même.

– Maintenant, tu vas retourner au harem. Sois discrète et ne révèle à personne ce que je viens de t'apprendre et que seule ma mère sait à cette heure.

– Si je parlais, je ne pourrais plus coucher dans le harem. Il me faudrait le quitter car la jalousie et la puissance de nuire des femmes sont effrayantes. L'une d'entre elles serait capable d'attenter à ma vie. Vu ton jeune âge, je suis persuadée que toutes imaginent une union avec toi, même s'il est plus raisonnable de penser que tu épouses l'une de tes sœurs.

– Protège-toi. Tu ne vivras plus très longtemps dans le harem. Dès que la nouvelle sera officielle, nous t'installerons dans cette aile du palais. Mais, auparavant, je dois interroger les dieux et les prêtres. S'ils s'opposaient à notre mariage, je devrais prendre d'autres dispositions.

– Maître, dit encore Néfertary du bout des lèvres. Puis-je te demander une réponse honnête ?

Thoutmosis lui fit signe de s'exprimer.

– M'épouses-tu pour devenir Pharaon à part entière ? Ce mariage entraînera la fin de la régence de la grande Tiâa.

– Il est temps que je reprenne la politique de mon père et que je m'affirme aux yeux du peuple et de nos alliés, répondit Thoutmosis.

Néfertary quitta la pièce, un peu déçue par cette réponse sans chaleur. Elle trouvait Thoutmosis moins enjoué depuis la disparition de son père. Peut-être mûrissait-il en prenant conscience de ses futures responsabilités. Quand elle le voyait partir pour la chasse, elle n'en retrouvait pas moins l'adolescent rieur et plaisantin qu'il était encore.

Dès qu'elle fut sortie, Thoutmosis appela son scribe.

– Écris mes instructions. Nous retournons dans quelques jours à Memphis. Ainsi le souhaitent Pharaon et la régente de ce pays, Tiâa la Bien-Aimée.

Il hésita à convoquer Amenpafer qu'il consultait moins depuis qu'il avait surpris sa conversation avec l'orfèvre. « Je lui ai laissé le temps de me parler et d'avouer qu'il avait des nouvelles de sa sœur. Pourquoi me le cache-t-il encore ? A-t-il peur que je sévisse contre Sheribu si elle revient à Thèbes ? Que devient donc Pashed ? Pourquoi ne me rassure-t-il pas sur son sort alors qu'il sait combien je me suis inquiété à son sujet ? »

Doutant de l'honnêteté du Mitannien qu'il n'avait, jusque-là, jamais mise en cause, Thoutmosis IV préféra ne pas lui parler de son union avec Néfertary.

– Les ambassadeurs nubiens n'ont pas apprécié mon discours tout à l'heure, dit-il à son scribe.

– Ils attendaient de toi un allégement de leur sort.

– Pourquoi se plaignent-ils ? Nous avons fait bâtir des temples en l'honneur de leurs dieux. Ils nous apportent des tributs raisonnables. Ces Nubiens sont querelleurs et stupides. Ils convoitent l'Égypte et ne tolèrent pas d'être des sujets de Pharaon.

– Ils ont déjà quitté le palais.

– Je n'ai agi ainsi qu'avec l'accord de ma mère. Elle leur a répondu ce que mon père aurait dit. Céder est une preuve de faiblesse. L'Égypte est trop brillante pour s'abaisser devant des sujets indisciplinés.

Thoutmosis se souvint alors des paroles d'Aménophis II qui l'avait mis en garde contre les Asiatiques et les Nubiens. Combien de fois lui avait-il répété qu'il devait se méfier du Nil endormi. « Je riais alors en entendant ses conseils car je jugeais l'Égypte éternellement invincible mais un roi doit être capable de la protéger car elle est d'autant plus menacée qu'elle est supérieure aux autres. »

XX

Les deux ambassadeurs nubiens entrèrent précipitamment dans la maison de leur chef. Ils avaient fait le voyage sans s'arrêter, pressant le pilote de leur bateau d'accélérer la cadence des rameurs. Car le vent ne leur étant pas favorable, il avait fallu baisser la voile et continuer à progresser à la force des bras.

– Quelles nouvelles m'apportez-vous ? leur demanda le chef nubien qui s'était habillé d'un vêtement en peau de fauve.

Ses yeux presque noirs, d'une expression redoutable, foudroyaient du regard les ambassadeurs. Sa colère contre le pharaon d'Égypte n'était manifestement pas tombée. Il était d'une stature robuste et imposante.

Les hérauts s'inclinèrent devant lui et lui racontèrent leur entrevue avec Thoutmosis IV et la régente Tiâa.

– Ainsi donc le nouveau pharaon a l'intention de continuer la politique de son père ! Je doute qu'il devienne un jour pharaon à part entière s'il persiste ainsi.

– Au palais thébain, la rumeur courait que Thoutmosis IV allait bientôt épouser une fille du harem. La cour doit retourner à Memphis. Sans doute préparera-t-il cet union et prendra-t-il en même temps les rênes du pouvoir.

– Peut-on accorder foi à de tels bruits ?

Les deux ambassadeurs se concertèrent.

– Chef, nous avons soudoyé un serviteur de Thoutmosis qui a entendu une conversation très précise entre le roi égyptien et une certaine Néfertary. À moins que les dieux ne s'y opposent, cette union aura bel et bien lieu.

– Il faut donc l'empêcher ou la retarder !

Le chef nubien éclata de rire.

– Puisqu'il est difficile d'influencer Pharaon, j'ai trouvé le moyen de discuter plus sérieusement avec lui...

Les ambassadeurs réclamèrent des explications.

– Nous allons rencontrer cette Néfertary...

– La rencontrer ?

– Oui. Ou plutôt contenter les dieux nubiens en lui faisant visiter le pays de Koush. Vous allez agir à l'insu du vice-roi de Koush, l'ami de Pharaon, et vite ! Savez-vous si cette Néfertary suivra tout de suite le roi à Memphis ? Peut-être attendra-t-elle à Thèbes que le roi accomplisse tous ses préparatifs ?

– Nous ne connaissons rien de plus que ce que nous t'avons rapporté. Mais si tu nous en donnes l'ordre, nous partirons nous renseigner.

– Il me paraît délicat de demander une nouvelle audience au roi alors que vous l'avez quitté froidement. Il se méfiera et sentira le piège. Agissez discrètement. Engagez des espions. Soudoyer des Égyptiens. Je veux savoir quels seront les faits et gestes de l'Égyptienne dans les jours et les mois qui viennent.

Plutôt satisfait de son idée, le chef nubien ponctuait ses mots par de grands éclats de rire. Il réclama soudain le silence en faisant un large geste de la main.

– Que font les parents de cette Néfertary ? Vivent-ils au palais thébain ? D'où sont-ils originaires ? Sont-ils égyptiens ?

– Nous savons seulement que son père a fourni tout le vin nécessaire aux offrandes d'Aménophis II.

– Du vin ? En si grande quantité ? Cet homme doit alors posséder un vignoble... Tentez d'en savoir plus à ce sujet.

Gêné par son embonpoint, le chef nubien se cala sur le côté et s'accorda quelques instants de réflexion.

– Si cet Égyptien est vraiment vigneron, il nous sera facile d'entrer en contact avec lui et avec sa fille sans nous faire connaître. Cette opération pourrait bien être beaucoup plus facile que prévu. Si les dieux accordent à cet homme heureux la joie de voir mûrir des grappes de raisin, sans doute traite-t-il avec de nombreux marchands étrangers. Peut-être même certains Nubiens font-ils des échanges avec lui.

– Il est impossible de savoir s'il est déjà venu dans le pays de Koush.

– En enquêtant sur les marchés ou en interrogeant les marchands itinérants, peut-être réussirez-vous à capter des informations. Envoyez une petite équipe aux renseignements dès que vous aurez trouvé son nom. Les vignerons sont tellement rares à Thèbes que ce sera un jeu d'enfants. Il suffira de réclamer l'homme choisi par Pharaon pour honorer Aménophis II lors de ses funérailles.

Le chef nubien réfléchit de nouveau.

– Rien de plus normal pour un chef nubien que

d'honorer ses dieux avec du vin thébain, approuva l'un des ambassadeurs. Le pharaon Ahmosis et ses successeurs n'ont-ils pas célébré le dieu Bouhen ? Son fils n'a-t-il pas fait bâtir ici une ville, riche en or ? Thoutmosis Ier n'erra-t-il pas plus loin encore pour rapporter à Thèbes des produits luxueux et ne sacrifia-t-il pas à Dedoun, la divinité des épices ?

– Je suis las de la présence égyptienne dans notre région, répondit le chef nubien. Les Égyptiens traversent notre pays pour se rendre dans le Sud et s'imposent à nous. Malgré la protection de nos Horus, ils parlent en maîtres à Assouan ou à Bouhen. Ils se comportent à Kouban comme des rois locaux. Je ne puis oublier les récits que m'ont faits mes ancêtres. Ils m'ont rapporté qu'Aménophis Ier était, un jour, revenu d'une campagne dans une fureur telle qu'il fit subir au roi vaincu les pires sévices. Il tuait les chefs rebelles de ses mains et les attachait à la proue de son navire afin de montrer à tous comment des courageux finissaient leur vie lorsqu'ils osaient tromper Pharaon. Tout le monde assista à cet étrange et cruel spectacle d'un ennemi attaché dans le vide la tête en bas. Quant à Thoutmosis III, il fit pendre, lui aussi, le corps d'un prince aux murs de Napata.

Les ambassadeurs approuvèrent. L'un d'entre eux souligna la manière dont Thoutmosis Ier avait écrasé la révolte des Koushites.

– Un véritable carnage. L'armée égyptienne s'est abattue sur les Nubiens parce qu'ils avaient osé discuter les ordres du pharaon.

– Je ne puis tolérer davantage de telles pratiques ! Quand les rois égyptiens se sont montrés plus humains à notre égard, nous avons accepté de les recevoir. Bien qu'elle nous ait, tout d'abord, combattus, Hatchepsout a préféré la paix. L'expédition qu'elle a envoyée au pays des Échelles a traversé notre région. Elle a fait construire de nombreux temples et des chapelles rupestres. Nous avons réussi à vivre en bonne intelligence pendant une vingtaine d'années grâce à ses convictions politiques.

Les ambassadeurs émirent l'idée d'apporter eux-mêmes un tribut au roi.

– Ainsi Thoutmosis IV ne se méfiera-t-il pas de notre retour si rapide à Thèbes. Prenons une trentaine de bœufs et de taureaux, des sacs de céréales, des veaux nouveau-nés, une dizaine de paysans, de l'or, de l'ébène et de l'ivoire...

– Le tout représente bien trois ou quatre tributs ! s'exclama le chef nubien. Mais tu as raison... Si ton plan réussit, je me rendrai dans le temple de Thoutmosis III et honorerai Horus. J'irai même vénérer la statue de Thoutmosis entourée des deux Horus que fit aménager le vice-roi. Peut-être irai-je même jusqu'à faire restaurer sa chapelle sise sur la rive est du Nil.

– Tant de Nubiens ont adopté au cours des siècles les coutumes et les noms égyptiens ! Doit-on encore rester des rivaux ? Je ne vois autour de toi que des danseurs et des musiciennes qui sont semblables aux Égyptiens. Ils portent les mêmes vêtements, des bijoux et des coiffes identiques. Si ce n'est la couleur de leur peau, plus foncée et plus bronzée que celle des Égyptiens, il est difficile de les distinguer de nos voisins.

– Tout aurait pu être différent si les Égyptiens ne nous avaient envahis depuis des siècles. Les rois égyptiens convoitent trop nos mines d'or. Notre pays est arpenté par leurs fonctionnaires. Il est enfin temps d'y mettre un terme. Ahmosis était un conquérant hors pair, Aménophis Ier un excellent politique, Thoutmosis Ier un soldat exceptionnel et Thoutmosis III un véritable chef de campagnes. Mais Aménophis II n'a jamais montré au combat des qualités comparables. Je doute que son fils, à un âge si tendre, soit à la hauteur pour nous combattre. Même si nous avons subi de cuisants échecs sous des pharaons redoutables, nous n'avons plus en face de nous qu'un adolescent tout juste sorti de l'enfance et une régente qui ne connaît rien au pouvoir.

– Le moment semble, en effet, opportun pour nous imposer et nous emparer de l'Égypte.

– Vous savez ce qu'il vous reste à faire.

*
**

L'entretien était terminé. Le chef nubien s'étendit sur un divan trop étroit pour lui et écouta le son des harpes et des flûtes en somnolant déjà. De vagues murmures chantonnés s'échappaient de ses lèvres. Il avala quelques dattes en renversant la tête en arrière et cracha les noyaux dans un récipient en or que lui tendait un domestique presque nu.

– Nous allons nous moquer de ce petit pharaon, dit-il en s'entraînant à lancer un noyau dans un cratère doré. Cette fois-ci, les Égyptiens ne seront pas vainqueurs. Les Nubiens contrôleront leur territoire et deviendront les rois du monde. J'ai hâte de rencontrer le fils de cet Aménophis.

Le chef nubien s'étira et plaça ses mains derrière sa nuque. Puis il ferma les yeux. Une Nubienne, vêtue d'une tunique en lin, chantait un hymne égyptien à la gloire d'un dieu koushite.

XXI

Dès le lendemain matin, les ambassadeurs envoyèrent des espions aux renseignements pour savoir si l'Égyptien qui avait offert des dizaines de jarres à Aménophis II fréquentait les marchés nubiens. Ils ne tardèrent pas à faire leur rapport.

– Les marchands connaissent des hommes à lui, Mais il ne se déplace jamais en personne. Il s'appelle Monkheper et il possède deux vignobles, l'un à Thèbes, l'autre à Memphis.

Le chef nubien voulut aussitôt acheter quelques jarres à l'Égyptien.

– Retournez à Thèbes et rapportez-moi une dizaine de grandes jarres de vin blanc, leur dit-il dès qu'ils rentrèrent. Je n'ai jamais bu une boisson si agréable. Ce sera pour vous l'occasion de vous renseigner sur le futur mariage de Thoutmosis IV. Si jamais Néfertary souhaitait le suivre à Memphis, je trouverai une idée pour l'en dissuader. Sinon, je devrai recourir aux grands moyens.

Les deux ambassadeurs décidèrent de partir deux jours plus tard. Ils avaient reçu du Nubien des ordres stricts et des instructions claires. Quand ils arrivèrent à

Thèbes, ils apprirent que Thoutmosis était sur le point de rejoindre Memphis et qu'il emmenait avec lui l'ensemble du harem thébain.

Pour tenter d'en savoir plus, ils se rendirent comme prévu au vignoble de Monkheper. L'Égyptien les reçut avec froideur car il connaissait la fourberie des Nubiens dont se méfiait le roi.

– Pourquoi venez-vous acheter mon vin ici ? leur demanda-t-il. Mes hommes se rendent régulièrement en Nubie. On trouve mon vin dans toutes les villes d'Égypte !

– En effet, Égyptien. Mais nous souhaitons acheter une quantité importante pour satisfaire notre chef qui apprécie la liqueur des dieux.

Monkheper leur montra des jarres de différentes hauteurs.

– Je ne produis que très peu de vin à Thèbes. Aussi suis-je obligé de le faire venir de Memphis. Le roi m'en commande, lui aussi, de grandes quantités. Mon devoir est de le servir en priorité.

– On raconte en ville que le glorieux Thoutmosis doit bientôt retourner à Memphis. Il aura tout le loisir de boire là-bas ton vin du Delta.

Monkheper les regarda d'un air soupconneux.

– Vous me paraissez bien informés...

– Tout le monde parle de ce départ... Les Thébains préfèrent savoir leur roi à Thèbes !

– Goûtez ce vin et dites-moi ce que vous en pensez.

Les deux Nubiens prirent les coupes qu'on leur tendait.

– Parfait ! J'espère que tu as un fils qui saura un jour fabriquer du vin aussi bon ! Il serait dommage de laisser perdre un tel talent !

– Hélas, je n'ai pas de fils, répondit Monkheper.

– Serais-tu l'un de ces rares Égyptiens à ne pas avoir d'enfants ?

– J'ai une fille, belle et adorée de Pharaon.

– Voilà son destin tout tracé... Travaille-t-elle avec toi dans ce domaine ?

– Elle habite au palais, répondit Monkheper.

– Tu parles d'elle avec nostalgie comme si tu n'étais pas satisfait de cette situation.

– Que les dieux m'en préservent ! Mais elle doit suivre le roi là où il se rend et je préférerais l'avoir encore près de moi. Elle est très jeune...

– Pour le suivre ainsi, elle doit faire partie du harem.

– Pour le moment...

– N'importe quel père s'en réjouirait...

– Faites votre choix et partez ! Je dois, moi aussi, faire mes bagages ! Je pars avec Pharaon.

– Ta fille te manquera davantage encore lorsque tu te trouveras dans le nord de l'Égypte.

– Elle vient avec moi.

– Notre chef avait une proposition à te faire. Heureux d'offrir ton vin à Horus, il souhaitait aussi donner à l'un de tes crus le nom de ton enfant et organiser, pour ce faire, une grande fête.

– Voilà un geste qui l'honore mais qui me semble compromis. Nous remettrons cette cérémonie à une date ultérieure.

Les deux ambassadeurs hésitèrent. La discussion ne tournait pas à leur avantage. Ils firent charger les jarres sur un chariot et donnèrent des ordres pour qu'elles fussent disposées sur leur bateau. Puis ils se rendirent au palais.

– Qu'allons-nous faire ?

– N'as-tu pas entendu notre chef ? Nous n'avons pas le choix. Néfertary ne se rendra pas en Nubie de son plein gré. Il faut donc adopter la seconde solution...

Ils envoyèrent l'un de leurs gardes au bateau.

– Que Djeser vienne immédiatement et qu'il se montre discret.

Ils se firent annoncer en espérant que le roi fût déjà parti. On leur apprit, en effet, que le navire royal avait quitté Thèbes. Mais que Tiâa était encore au palais.

– Elle va s'étonner de notre présence. Suivons notre plan.

La Régente les reçut sans chaleur. Elle les interrogea sur leur venue et leur fit remarquer qu'ils arrivaient au plus mauvais moment.

– Nous sommes juste venus acheter du vin. Nous repartons dès demain.

Tiâa ne prolongea pas cette entrevue.

– Alors que toute la cour se prépare, il est temps d'agir, dit le plus jeune des Nubiens.

– Il ne sera pas aisé de rencontrer les femmes du harem...

– Tentons d'y entrer. Si tout se passe bien, nous n'aurons peut-être pas besoin de recourir aux services de Djeser.

Ils se rendirent aux appartements du harem et trouvèrent les femmes en pleine effervescence. Interrogeant quelques jeunes étrangères, ils finirent par trouver Néfertary qui s'étonna de leur présence en ces lieux.

– Que me voulez-vous ? Je dois me préparer et gagner Memphis au plus vite. Tels sont les ordres du roi.

– Nous avons appris par ton père, qui est l'ami de

notre chef, combien le roi te chérissait. Rien ne nous comblerait plus que de te savoir reine d'Égypte. Aussi notre chef a-t-il décidé de t'honorer comme tu le mérites en te réservant une surprise et en organisant pour toi une fête à Bouhen.

– Je ne suis jamais allée en Nubie et n'ai nullement l'intention de m'y rendre sans le consentement de Pharaon.

– Mais nous l'avons ! s'exclama l'un des ambassadeurs en lui tendant un papyrus roulé.

Néfertary refusa, tout d'abord, de s'emparer du message.

– Le roi vient de partir et il ne m'a rien dit. Que veut dire tout ceci ?

– Il voulait te réserver une surprise. Lis ce courrier et tu comprendras.

Comme Néfertary ne bougeait toujours pas, l'ambassadeur déroula lui-même le message et le lut très distinctement.

– Tu le vois, Thoutmosis IV Horus d'or a approuvé l'idée de notre chef. Si tu refuses de nous suivre, tu déclencheras un incident diplomatique et seras peut-être responsable d'une guerre. Tu connais les tensions qui existent depuis des années entre les Nubiens et les Égyptiens. Toi seule es capable d'y mettre un terme. Imagines-tu combien les Égyptiens et les Nubiens te rendraient hommage après un tel acte ? Thoutmosis IV t'en sera éternellement reconnaissant ! La Régente t'accueillera à bras ouverts !

– Je ne sais que vous répondre, dit Néfertary. Je vais consulter la reine Tiâa.

Mais elle se rétracta. Elle ne savait dans quelles dispositions d'esprit elle se trouvait à son égard.

– Il vaut mieux que je parle à mon père.

– Voilà une excellente idée. Informe-le de ton départ et viens avec nous en Nubie.

Néfertary se hâta d'envoyer un coursier chez son père. Les ambassadeurs la laissèrent finir ses préparatifs.

– J'espère que Djeser a accompli son devoir et qu'il a livré le vigneron aux bras de la déesse Nout. Il dormira dans sa cave jusqu'à notre départ.

– Djeser n'a jamais failli à sa tâche.

XXII

Thoutmosis IV apprit le départ de Néfertary pour la Nubie sur le bateau royal qui l'emmenait à Memphis. Il resta stupéfait.

– Mais comment est-ce possible ? demanda-t-il à son coursier habituel. Néfertary a osé quitter spontanément le harem de Pharaon et se rendre dans une contrée ennemie de l'Égypte ?

– Ce n'est pas tout à fait cela, par Horus, répondit le coursier en lui rapportant le message oral de Tiâa. Néfertary est encore très naïve et, comme toutes les femmes, elle ne connaît guère la politique.

Thoutmosis IV lui demanda de garder ses remarques pour lui. Elles étaient désobligeantes pour la Régente.

– Deux ambassadeurs nubiens sont revenus au palais thébain. La Grande Tiâa les a reçus. Ils avaient acheté du vin en grande quantité pour leur chef. Croyant qu'ils allaient repartir le lendemain avec leurs jarres, la Régente, occupée par les préparatifs du départ de la cour, n'en fit pas plus de cas. Le lendemain matin, Néfertary avait disparu. Des policiers partirent aussitôt à sa recherche. Mais elle n'était ni chez son père qui avait été agressé la veille et enfermé dans sa cave, ni dans le parc royal. Après avoir interrogé de nobles Thébains, ceux-ci se souvinrent d'avoir vu les ambassadeurs nubiens embarquer avec une Égyptienne d'une grande beauté dont la description correspondait à celle de Néfertary.

– Comment ce maudit chef Nésy ose-t-il ainsi me provoquer, moi le roi des deux Égyptes ? Jamais il n'aurait agi ainsi du vivant d'Aménophis ! Néfertary a été enlevée !

– Elle les a suivis de son plein gré. Mais nous ne savons pas pour quelle raison.

– Monkheper est-il au courant de cette disparition ?

– Oui. Il voulait partir seul pour la Nubie. Quelques-uns de ses hommes l'ont retenu et l'ont persuadé d'attendre ta décision.

– L'armée est prête. Je retourne à Thèbes et nous partons aussitôt pour la Nubie. Je vais donner à ce chef une leçon dont il se souviendra longtemps !

***

Quatre jours plus tard, Thoutmosis entrait de nouveau à Thèbes et rassemblait l'armée égyptienne.

– Je veux les pleins pouvoirs, déclara-t-il à sa mère. Tu ne peux partir avec nous. Donne-moi officiellement les titres auxquels j'ai droit.

– Tu es encore si jeune...

– Pas pour battre nos ennemis. Moi seul peux les mettre hors d'état de nuire !

L'armée au grand complet, grossie de mercenaires, alléchés par le gain, et de paysans, embarqua sur une vingtaine de bateaux. Encouragés par leurs précédents succès, les Thébains partaient au combat le cœur léger. La plupart chantaient et répondaient aux saluts de leur famille qui les suivait des yeux sur les rives du fleuve. Certains entrechoquaient leurs armes les unes contre les autres pour mieux se faire entendre.

Monkheper prit place à côté du roi. Il voulait être le premier à se venger du Nubien.

– Je n'ai qu'une crainte, par Isis ! C'est que ce sauvage ait fait du mal à ma fille ! Pourvu qu'il ne l'ait pas mêlée à son harem ! Que les déesses la protègent !

– S'il a osé toucher à une seule de ses amulettes, je le torture pendant plusieurs jours sous le regard de son peuple. Mais il n'aura pas le temps d'agir ! Nous avançons vite. Les dieux nous envoient un vent agréable et efficace alors que les navigateurs se plaignaient jusque-là du manque de souffle. Nous allons rattraper l'avance des ambassadeurs et arriver à Bouhen plus vite qu'ils ne le pensent !

– Crois-tu que le Nubien nous attend ?

– Il vient de nous provoquer, Monkheper ! Il veut nous écraser et envahir l'Égypte !

– Quelle marque de faiblesse que de s'emparer d'une femme pour arriver à ses fins. Cet homme est pire que je ne le pensais !

L'armée de Thoutmosis arriva très vite aux abords de la première cataracte. Les rives du Nil se resserraient progressivement. Sur des barques plus étroites jouaient du tambourin des hommes à la peau noire qui rythmaient leurs chants avec beaucoup d'ardeur.

– Nous serons bientôt arrivés, dit Thoutmosis à Monkheper en comprenant son impatience.

Le Nil était encombré de nombreux bateaux. Certains Égyptiens se rendaient à des cérémonies ou rejoignaient telle ou telle ville pour participer à de grandes fêtes annuelles. D'autres, sur des navires plus solides et plus longs, partaient en direction des mines et des carrières. Des ouvriers en revenaient parfois et montraient leur joie de retrouver bientôt leur famille. Ceux qui avaient séjourné en Nubie transportaient des objets rares et des matières précieuses.

Quelques Égyptiens en pagne et en sandales de cuir suivaient les rives du Nil devant leur âne.

– Je suis satisfait de voir que les voyageurs ont repris leur chemin sans crainte d'être volés par les soldats ou les brigands, constata Thoutmosis. Mon père a eu raison de s'occuper de ces délits qui se multipliaient par ici. Quant aux routes, il en a tant fait constuire que tout le monde peut se déplacer d'un point à un autre sans problèmes.

Le navire royal ralentit aux abords de la cataracte. Il évita les rochers plus ou moins gros qui auraient endommagé la proue. Quelques petits Égyptiens avaient pénétré dans l'eau au milieu des roseaux et ne paraissaient pas redouter la présence des crocodiles, plus nombreux qu'à Thèbes. Leurs parents leur ordonnèrent de sortir de l'eau et les confièrent à un passant.

Pour accueillir le pharaon, plusieurs litières avaient été préparées sur la rive est. Deux cochers debout dans leur char, le fouet doré à la main attendaient calmement le débarquement de la cour. Des hommes à la peau ébène caressaient l'encolure des chevaux syriens qui avaient été soigneusement choisis pour être attelés aux chars dont chaque partie rutilait de métal précieux.

Thoutmosis IV observa le pilote qui aborda près d'un rocher abrupt d'une forme arrondie.

– Comment allons-nous rejoindre d'ici les chars qui

nous attendent ? demanda le roi. N'était-il pas plus aisé de débarquer un peu plus loin ?

– L'embarcadère royal se trouve à cet endroit. Des hommes sont là pour nous aider.

À l'avant du bateau, le cuisinier rangeait les cuisses de bœuf qu'il avait découpées et la bière qu'il avait maintenue fraiche pendant tout le voyage. Le roi quitta le *naos* central où il s'était longuement restauré en compagnie de Monkheper et suivit les manœuvres délicates de l'équipage. Un homme s'était emparé d'une longue rame sur laquelle était dessiné un œil et sondait l'eau.

– Aucun rocher par ici. Tu peux approcher, dit-il au pilote.

– Je veux que tu m'établisses un rapport sur les canaux qui sont à sec en remontant le Nil. Si nous sommes amenés à quitter le fleuve, je veux savoir quelle voie s'offre à nous.

À cet instant, arriva une longue barque en forme de croissant de lune, à la proue et à la poupe recourbées. Le roi la reconnut aussitôt grâce à sa voile très grande. Plus elle approchait, plus il fut persuadé qu'il s'agissait d'un dahabieh nubien. Il distinguait maintenant la large cabine centrale entourée de deux autres plus petites, disposées à l'avant et à l'arrière du bateau. Les Égyptiens entendirent même quelques chevaux hennir sur le navire.

– Est-ce le chef nubien ? demanda Monkheper en voyant l'expression de Thoutmosis IV. Oserait-il venir nous narguer jusqu'ici ?

– Ce bateau ressemble au sien, répondit le roi égyptien.

Un chaland transportant des blocs de granite cacha pendant quelques instants le bateau suspect. D'autres navires, plus légers et plus rapides, transportant des céréales, les dépassèrent.

– Le bateau vient vers nous, dit Monkheper. Néfertary serait-elle à bord ?

– Ne te réjouis pas trop tôt, lui conseilla Thoutmosis. Tu ne connais pas encore la perversité de ces Nubiens ! Ils ne relâchent pas si facilement leur proie. Pourquoi ce chef indocile aurait-il enlevé Néfertary si ce n'est pour obtenir quelque chose en retour ? Veut-il rediscuter le montant du tribut qu'il nous donne ? Souhaite-t-il la guerre ? Espère-t-il, l'inconscient, envahir un jour l'Égypte ?

– Nous allons le savoir...

L'équipage, maintenant à terre, disposa des traverses en bois pour permettre aux passagers de débarquer.

– Que faisons-nous, Seigneur ? demanda Monkheper. Débarquons-nous ou attendons-nous l'arrivée de ce bateau ?

– Agissons comme nous l'avions prévu mais soyons vigilants. En cas d'attaque, je préfère que nous nous regroupions le plus vite possible sur la rive.

Le roi fit activer ses soldats. Il les encouragea de la voix et du geste, n'hésitant pas à tancer les retardataires ou les paresseux. Monkheper ne quittait pas le navire nubien des yeux. Il espérait reconnaitre sa fille sur le pont.

Les bateaux avaient été placés en épis le long des rocs gris. L'équipage les attachait solidement avec des cordes énormes à des palmiers d'une hauteur étonnante. Quelques Égyptiens, perchés en haut des arbres, arrachaient les restes de palmes desséchés d'une main experte tout en se retenant avec l'autre main au large tronc.

– Le roi ! Le roi ! cria l'un d'eux en tentant de redescendre le plus rapidement possible. Notre Seigneur Thoutmosis vient d'arriver !

Le peuple était d'autant plus curieux de voir le jeune roi que beaucoup ne l'avaient jamais aperçu.

Au moment où Thoutmosis allait débarquer, le bateau nubien se rangea près du navire royal. Un ambassadeur s'adressa aussitôt au roi égyptien.

– Notre chef souhaiterait te rencontrer, Grand Pharaon. Il est actuellement en compagnie de la belle Néfertary dont il a fêté la venue par une cérémonie exceptionnelle.

Thoutmosis IV fit comprendre à son scribe qu'il pouvait répondre à sa place.

– Le roi, Horus magnifique, n'a pas décidé de recevoir d'ambassadeur aujourd'hui. Quand il le fait, la réception a lieu dans la salle d'audience du palais. Tu as insulté les dieux égyptiens en t'adressant ainsi à sa Seigneurie sans même te coucher devant Elle.

Puis Thoutmosis fit comprendre à ses gardes qu'ils pouvaient s'emparer de l'ambassadeur.

– Vous bafouez les règles de l'hospitalité ! se plaignit l'ambassadeur en se démenant entre les mains de deux robustes gardes. Je m'adresse à toi d'une manière pacifique et tu m'agresses !

– J'ai mes pratiques et toi les tiennes ! s'exclama Thoutmosis en regardant l'ambassadeur avec dédain. Couche-toi devant moi et embrasse mes sandales !

Les gardes le contraignirent à se mettre à genoux.

– Implore ma bonté et mon pardon !

Comme l'ambassadeur se montrait réticent, les deux gardes l'obligèrent à embrasser les pieds du roi. Après qu'il l'eut appelé par l'ensemble de ses titres, le Nubien attendit la décision du roi égyptien.

– Tu es ici sur mes terres. Je peux donner l'ordre de te tuer...

L'ambassadeur ne dit mot.

– Ainsi donc ton chef souhaiterait me parler... poursuivit Thoutmosis IV. Il a une façon bien curieuse d'envoyer ses invitations en enlevant les femmes du harem de Pharaon ! Aucune de ces filles ne doit quitter le palais sans mon autorisation ! Je doute que Néfertary soit partie de son plein gré en risquant d'être punie. Ton chef l'a fait enlever ! Il paiera cet affront !

– Seigneur des deux terres, Faucon Tout-Puissant, jamais mon chef n'aurait commis un tel acte !

– Je suis surpris de ton audace. Tu es venu me voir au palais pour me demander d'alléger le tribut que vous versez à l'Égypte. J'ai refusé. Aussi êtes-vous partis sans même me saluer au détriment de toutes les règles. Comment te croirais-je en ce jour ? Pourquoi ton chef se montrerait-il agréable à mon égard ? Cette réception n'est qu'un piège ! Ainsi donc les Nubiens ont fomenté un complot contre Pharaon ! Néfertary sert d'appât dans ce plan digne des traîtres les plus vils !

– Que l'Horus de Bouhen me terrasse si je mens, reprit l'ambassadeur. Tu dois ajouter foi à mes paroles. Mon chef souhaite la paix avec l'Égypte.

– Tu trembles de tous tes membres ! De qui as-tu peur ? De Pharaon s'il te jette aux crocodiles ou de ton chef si je ne réponds pas à son invitation douteuse ?

– Si tu refuses de rencontrer mon chef, je perdrai ma fonction.

– Je vais réfléchir à cette étonnante réception, répondit Thoutmosis en tournant le dos à l'ambassadeur. Le chef nubien connaîtra bien assez tôt ma décision.

– Que dois-je lui rapporter ?

– Ce que je viens de te dire. J'ai besoin de repos et de réflexion. Quitte maintenant ce navire et éloigne-toi de ce rivage. Que je ne voie aucun bateau nubien accoster pendant la nuit sinon ma vengeance sera terrible !

Monkheper s'approcha du roi.

– Seigneur, tu le laisses partir ainsi sans le punir ?

– Ne t'occupe pas des affaires de Pharaon, vigneron ! Je déciderai seul de ce qu'il convient de faire pour le bien de l'Égypte et de ta fille.

– Bien, maître, dit Monkheper en s'inclinant et en jetant un regard haineux vers l'ambassadeur qui avait emmené sa fille en Nubie.

Thoutmosis se retourna soudain vers le Nubien.

– Attends ! dit-il.

Puis il ordonna de fouiller le navire ennemi de fond en comble.

– Néfertary a été reçue avec beaucoup d'égards par notre chef. L'imaginais-tu enchaînée dans une cale ?

– Mes ancêtres m'ont appris à me méfier de vous, répondit Thoutmosis. Vous pensiez avoir affaire à un roi jeune et inexpérimenté. J'ai dans le sang le courage des Thoutmosides ! Si vous avez pensé me tromper, vous et votre famille se souviendront longtemps de votre erreur !

XXIII

Thoutmosis se laissa acclamer par la foule. Lui qui avait l'habitude d'écouter les vivats des badauds en compagnie de son père ne parvenait pas encore à saisir tout à fait que ces marques d'enthousiasme s'adressaient à lui.

Le palais avait été fleuri spécialement pour Pharaon. Tout le personnel était en effervescence. On monta les coffres et les ballots dans les chambres. Un important banquet fut dressé pour l'équipage qui avait l'habitude de manger à l'extérieur.

La cour fut invitée à se restaurer.

Thoutmosis préféra rejoindre son bureau.

– Viens avec moi, dit-il à Monkheper qui se dirigeait déjà vers les tréteaux couverts de corbeilles de fruits, de plats épicés aux odeurs tentantes et de pâtisseries variées.

Le vigneron suivit le roi sans discuter. Lorsqu'ils furent réunis, le roi lui fit part de ses projets.

– Tu n'es pas l'un de mes conseillers. Aussi devrais-je garder le silence devant toi. Mais je te fais d'autant plus confiance que nous souhaitons tous deux retrouver Néfertary en vie et le plus rapidement possible.

Monkheper l'approuva.

– Avant même que ce Nubien n'ait quitté le navire, j'avais pris ma décision. Je vais attaquer les Nubiens sans perdre de temps. Je laisse pour l'instant l'équipage et les soldats se restaurer et se reposer. Mais, dès qu'ils seront prêts à partir, je les informerai de nos prochaines batailles.

Par la fenêtre arrivaient les clameurs des hommes occupés à ripailler.

– Tu ne réponds rien ? s'étonna le roi. Tu devrais être satisfait puisque tu voulais te venger de ces vils Koushites.

– Tant que Néfertary n'a pas rejoint la cour égyptienne, je redoute le pire. Si le chef Nésy comprend notre plan, il s'en prendra sans doute à ma fille. Je serais plus rassuré si elle se trouvait parmi nous.

– Nous n'avons guère le choix. Soit je fais mine de jouer le jeu de Nésy en acceptant son invitation et je demande à mes hommes de se tenir prêts à l'attaquer pendant les cérémonies, soit nous l'attaquons sans ruser.

– La première option nous permettrait peut-être de parler à Néfertary et de la protéger pendant l'attaque. Dans le second cas, son sort sera entre les mains des dieux.

– Tu comprendras, vigneron, que, malgré l'affection que je ressens pour ta fille, je ne puis faire passer l'intérêt de l'État après un cas particulier.

Monkheper l'accepta. À la demande du roi, il rejoignit la cour, laissant ainsi Thoutmosis à ses réflexions. Le roi se fit apporter des fruits et des rafraîchissements puis il se souvint une fois encore des sages paroles de son père.

« Si j'attaque le Nubien tout de suite, je le ferai selon mes propres règles sans tenir compte des habitudes militaires. Cet homme m'a trahi. Je ne lui donnerai ni une date ni un lieu ni une heure de bataille. Si je veux combattre la nuit, je prendrai mon arc sous les étoiles. Si ses renforts ne sont pas arrivés, je n'attendrai pas qu'il soit prêt. Quand un adversaire triche, qu'il ne se place pas en face de son ennemi, qu'il ne lutte pas loyalement, inutile de jouer franc-jeu avec lui. Telles étaient, pourtant, les coutumes des Anciens. Thoutmosis III annonça son intention de livrer bataille à la plupart de ses adversaires. Le dieu Seth nous recommande de prévenir l'ennemi d'un combat. Les dieux et les anciens rois me pardonneront ma manière d'agir. Je n'ai pas envie que cette guerre se transforme en siège. J'ai l'intention de revenir le plus vite possible à Memphis et d'être acclamé Pharaon devant mon peuple. Une guerre de sièges n'arrangerait pas mes affaires. »

Il songea à Néfertary. « Combattre et tout ravager sur notre chemin mettraient probablement sa vie en danger. Même les prêtres m'ont assuré qu'elle ferait une parfaite Grande Épouse. Devrais-je choisir une autre femme et considérer que Néfertary est perdue ? » Le roi décida finalement de répondre à Nésy par la ruse et de tenter de sauver la fille de Monkheper.

– Il nous faudra, cependant, être extrêmement vigilants pendant notre voyage sur le fleuve et dans le désert. Je connais mal la Nubie. Nous ne serons pas à l'abri des pièges. Nésy n'avait qu'un but : me faire venir sur son territoire et me tuer avant d'entreprendre une grande campagne. Je dois lui laisser croire que je suis tombé dans son piège pour mieux l'éliminer. Mais quand a-t-il l'intention d'agir ?

Après avoir longuement réfléchi et consulté ses conseillers, Thoutmosis IV décida de faire honneur à ceux qui avaient préparé une fête pour le recevoir dignement. Il profita de cette soirée passée au milieu de femmes séduisantes, de musiciens exceptionnels, d'habiles acrobates et de cuisiniers créatifs car il savait que les prochaines étapes seraient moins confortables. Aussi encouragea-t-il également ses soldats à festoyer.

Dès le lendemain, le roi embarquait. Le cortège remonta le Nil jusqu'à ce que les passages devinssent si étroits qu'il lui fallut abandonner la flotte. Les soldats continuèrent sur la terre ferme et s'enfoncèrent dans le désert. Les Égyptiens croisaient parfois des autochtones, vêtus d'une peau de panthère, qui portaient des couteaux longs. En voyant l'armée égyptienne arriver, les femmes se précipitaient dans leur modeste demeure ou dans les buissons avec leurs enfants. Dans les villages, des artisans travaillaient le bois, l'ivoire, l'ébène et l'or. Ils vendaient des plumes d'autruche d'une longueur inouïe, des flacons de parfums capiteux, des défenses d'éléphant qui servaient à créer des bracelets et des colliers, des couvertures fauves qu'ils disposaient sur le sol de leur maison.

À chacune de leur étape, les Égyptiens préféraient dormir en plein désert. Ils entouraient leur camp d'une palissade constituée d'armes et de boucliers. Pendant que les chevaux reprenaient des forces, les soldats aménageaient de petites tentes pour eux et un abri plus spacieux pour le pharaon. Les officiers bénéficiaient parfois d'un baraquement en bois lorsque l'étape durait plus longtemps. Brasiers, tables, tabourets, nattes, ustensiles de cuisine étaient rapidement mis en place. Des militaires nettoyaient les abords de la tente royale et jetaient de l'eau à terre pour éviter la poussière.

Thoutmosis décida d'envoyer l'un de ses messagers annoncer à Nésy qu'il acceptait son invitation. Il lui demandait également sa position. Se trouvait-il toujours à Bouhen ou avançait-il à sa rencontre ? Les mercenaires, mécontents du choix fait par Pharaon, jouaient au senet devant leur tente. Ils préféraient multiplier les combats pour remporter le maximum de butin chez eux.

Profitant de cette étape, Thoutmosis décida d'écrire à sa mère pour la rassurer. Puis il commença à échafauder des plans précis sur sa prochaine rencontre avec le chef nubien.

– Nous sommes plus entraînés et plus forts que les Nubiens, dit-il à ses conseillers. Mais nous nous trouvons sur un territoire étranger. Certains d'entre vous le connaissent mieux que moi. J'ai besoin de leur expérience afin de ne pas perdre nos avantages.

Le roi consulta longuement les Anciens. Il ne laissa rien au hasard, ni la configuration d'un terrain, ni les coutumes des Nubiens, ni la température ni les approvisionnements. Il avait fait le tour de la question lorsque son messager revint avec des réponses précises. Le chef nubien l'attendait dans sa demeure la plus proche. Mais il réclamait son indulgence car les maisons nubiennes n'avaient rien de comparable aux palais égyptiens. Nésy s'engageait, cependant, à le recevoir le mieux possible.

– Nous sommes prêts, dit Pharaon. Tu ne pouvais revenir à un meilleur moment !

*
**

Le lendemain, le roi leva son camp à l'aube et suivit le guide que lui avait envoyé le chef nubien. L'armée progressa dans le désert sous un soleil ardent au milieu des monts dorés et rougeoyants. Au bout de deux jours, le guide informa Thoutmosis qu'ils arrivaient dans la ville où les attendait le chef nubien. Dès qu'ils approchèrent, des tambourins retentirent. Des danseurs presque nus, vêtus de peau de panthère, constituèrent des rondes et entonnèrent des chants qui parurent très rudimentaires au roi égyptien.

Thoutmosis arrêta son armée. Il fit signe à un officier d'avancer à sa hauteur.

– Attendez-moi là. Je vais entrer avec mes gardes dans la maison du chef Nésy. Si tout se déroule normalement, les officiers et les conseillers pourront me rejoindre.

– Le reste de l'armée a été disséminé derrière les dunes et les collines à l'insu du guide nubien.

– Bien ! Si Nésy tente d'évaluer le nombre de nos combattants, il n'en aura qu'une idée approximative. Qu'il nous trompe et il aura une mauvaise surprise ! En revanche, dès que j'en donnerai le signal, vous encerclerez la ville et écraserez ses hommes. N'agissez surtout pas avant mon ordre. Si l'un d'entre vous commet une erreur, les dieux sauront l'anéantir !

Thoutmosis abandonna son char et monta sur un cheval. Il suivit au pas le guide qui avançait à pied sans redouter le sol brûlant. Les deux gardes encadraient le roi.

En voyant le roi égyptien pénétrer ainsi dans sa demeure, le chef nubien rit intérieurement de la naïveté de Thoutmosis. Jamais aucun pharaon ne se serait ainsi présenté devant lui.

– Roi suprême, lui dit-il, je pensais que tu arriverais sur un char gigantesque et que tu refuserais de fouler le sol de ma maison de tes augustes sandales.

– Ne m'as-tu pas invité ? Je n'ai pas besoin d'étaler mes richesses devant toi pour que tu connaisses la toute-puissance de l'Égypte !

Pour montrer au roi combien les Nubiens appréciaient la culture égyptienne, Nésy fit entrer des danseuses et des chanteuses habillées et coiffées comme des Thébaines qui interprétèrent de vieux textes égyptiens. Puis il offrit des présents au roi.

– Nésy, tu te doutes que je me suis étonné de tes façons d'agir. Pourquoi avoir emmené Néfertary avec toi ? Il suffisait de me convier à ta fête.

– Aurais-tu accepté ?

– Peut-être...

– J'ai goûté par hasard le vin fameux du vigneron Monkheper. Aussi ai-je envoyé tout de suite des ambassadeurs à Thèbes pour me rapporter cette liqueur jaune d'une goût envoûtant et fruité. Ce Monkheper doit être honoré comme un dieu. Il réjouit chaque jour le cœur de nos Horus. Aussi ai-je pensé que mes dieux seraient heureux de recevoir des sacrifices des mains même de Néfertary. À partir du vin de Monkheper, j'ai décidé de créer un cru particulier auquel nous donnerons le nom de Néfertary. Ce vin connaîtra un succès dans tout le bassin méditerranéen et fera notre fortune.

– Pourquoi Monkheper la partagerait-il avec toi ?

– Parce qu'un de nos artistes a inventé pour ce nouveau cru une forme de jarre particulière incrustée d'or. Je vais te la montrer...

Thoutmosis se demandait si le chef nubien était sincère.

Deux Nubiens apportèrent un énorme récipient qui étonna le roi. La jarre avait la forme d'un corps féminin recouvert d'un voile pudique parsemé de petites pépites d'or.

– Goûte cette mixture et dis-moi ce que tu en penses...

Le vin âcre de Monkheper était devenu doux comme une datte. Sa couleur, plus foncée, sa robe plus dorée, sa saveur plus prononcée plurent d'emblée à Thoutmosis.

– Ressemble-t-il au vin de Monkheper ?

– Non, je dois l'avouer.

– Il est pourtant fait à partir du sien. Mais notre savant cuisinier a ajouté des aromates connus de lui seul qui rendent le vin incomparable. L'union de ces deux talents méritait bien une enveloppe aussi précieuse...

– Je dois avouer que tu as réussi à me berner, Nésy, reconnut Thoutmosis. J'ai hâte de faire goûter ce vin à Monkheper pour voir sa réaction. Mais où se trouve celle qui aura le bonheur de donner son nom à un tel breuvage ?

– Néfertary va se réjouir de ta présence. La fête que je donne ce soir pour t'honorer sera aussi un hommage à sa beauté. Mes serviteurs vont te conduire à tes appartements. Une fois reposé, frictionné et massé, tu pourras, avec ta cour et tes officiers, partager ma table.

Thoutmosis dit tout bas à l'un de ses gardes d'aller chercher ceux qui devaient le rejoindre. Puis il suivit le guide qui l'avait amené jusqu'à son maître. Quatre servantes l'attendaient et s'occupèrent de lui. Il se laissa dévêtir, laver et masser. Ces instants de détente lui permirent de parachever son plan. « J'ai eu la bonne idée de me présenter devant Nésy sans décorum. Il me prend sans doute pour un prince sans expérience. Voilà exactement ce que je voulais : le mettre en confiance. Il est déjà persuadé d'être roi d'Égypte. Il en tombera de plus haut encore ! »

Le roi laissa une servante racler la poussière qui avait adhéré à sa peau. Pendant plusieurs jours passés dans le désert, la sueur mêlée aux grains de sable formait comme un ciment sur ses membres et ses épaules. La servante adoucit la peau rougie avec un onguent huileux qu'il étala lui-même sur ses cuisses.

XXIV

Lorsque le roi rejoignit la salle de réception, une musique agréable parvint à ses oreilles. Il avait décidé d'assister à la cérémonie vêtu d'un simple pagne. Seule sa ceinture portait son cartouche et rappelait qu'il était pharaon.

Quand il parvint à l'entrée de la salle principale, les gardes s'écartèrent et annoncèrent sa présence. Le chef nubien quitta son siège et l'invita à se placer à côté de lui. D'un coup d'œil rapide Thoutmosis IV contrôla si tous ses officiers étaient dans la salle. Ils avaient l'habitude de s'installer dans une salle de banquet après lui. Mais le roi avait insisté pour qu'il en soit autrement. Une partie de la pièce donnait sur un jardin qui ressemblait à une petite oasis.

Deux cuisiniers apportèrent d'immenses cratères remplis de vin doux et firent une distribution collective.

– Goûte ce vin et donne-moi ton avis, dit le roi à Monkheper qu'il avait fait placer près du chef nubien.

Comme il lisait de l'inquiétude dans ses yeux, le pharaon crut bon de le rassurer d'un regard complice. Néfertary devait assister à la fête et en être la reine.

– Bois et donne-nous vite ton verdict, insista le roi.

Monkheper s'exécuta sans enthousiasme.

– Alors, par tous les dieux ? Exprime-toi !

Le visage de Monkheper s'illumina soudain.

– D'où vient ce cru ? Il me semble familier tout en étant pour moi totalement inconnu ! Quel est ce mystère ?

Pour mieux se familiariser avec cette saveur nouvelle, Monkheper réclama une autre coupe.

– Je le boirai plus frais avec des pâtisseries ou des pains très sucrés...

– Il s'agit de l'un de tes meilleurs vins blancs.

Le chef nubien approuva de la tête.

– Nous l'avons agrémenté avec des aromates rares. Jamais tu ne devineras les ingrédients que mon cuisinier a choisis. Il refusera de te livrer sa recette.

Monkheper se mit à énumérer une grande variété d'épices tout en continuant à goûter ce breuvage étrange. Aussi le Nubien appela-t-il celui qui avait réalisé le savant mélange.

– Écoute Monkheper, lui dit-il. A-t-il cité tous les aromates que tu as fait macérer dans ce vin ?

– Presque tous, répondit le cuisinier avec admiration. Sauf deux...

Une discussion de spécialistes s'engagea bientôt.

– Où est Néfertary ? demanda Thoutmosis.

– C'est pour elle que nous avons inventé ce breuvage, expliqua Nésy au vigneron égyptien. Nous voulions l'honorer car elle a les faveurs de Pharaon et l'on raconte en Nubie qu'elle deviendra bientôt la Grande Épouse royale.

– Je suis flatté, répondit froidement Monkheper qui était aussi méfiant que Thoutmosis.

Nésy fit défiler devant lui les jarres à forme humaine qu'il avait fait concevoir et qui rutilèrent sous l'éclairage. Néfertary se présenta aussitôt dans une tunique affriolante qui étonna le roi égyptien. « Elle ne se doute manifestement pas des objectifs de Nésy. »

– Vois comme Néfertary est comblée par notre présent et par ton arrivée !

Monkheper se leva pour serrer sa fille contre lui.

– Père, sais-tu que ce vin porte maintenant mon nom ?

Nésy approuva la jeune Égyptienne.

– Voilà un insigne honneur, Nubien, dit Monkheper.

– Et c'est cet événement que nous allons fêter ce soir jusqu'à l'aube !

Des acrobates entrèrent et firent mille bonds devant un public déjà conquis. Thoutmosis surveillait ses hommes. Il ne voulait pas les voir s'enivrer. L'enjeu était trop important pour céder à la tentation du vin, si bon fût-il. Cette nuit serait la dernière pour Nésy. Thoutmosis, quatrième du nom, affirmerait sa supériorité en Nubie comme tous les autres rois égyptiens avant lui.

Le roi observa si Nésy se laissait aller à boire plus que de raison. Il constata que le chef nubien était sage et qu'il maîtrisait la situation. Lui aussi paraissait observer ce qui se passait tout en donnant l'apparence d'être parfaitement décontracté. « Il ne sera pas aussi facile à berner, se dit Thoutmosis. Je dois lui donner l'impression d'adhérer totalement à ses goûts et à ses choix. »

– Que Néfertary prenne place à côté de Pharaon, Horus d'or ! clama Nésy en se levant.

Toute l'assistance salua la jeune femme.

– Vous buvez ce soir un vin nouveau qui va connaître

dans le monde un succès extraordinaire. Ainsi l'a prédit notre Horus de Bouhen. Ce vin portera le nom d'une autre déesse, n'en déplaise aux divinités que je ne souhaite pas offenser. Il s'appellera Néfertary !

L'assistance répéta ce nom plusieurs fois en levant une coupe pleine de vin blanc. « Je dois mettre Néfertary au courant de notre plan. Mais comment ? » se demandait le roi en regardant les yeux pétillants de Néfertary, manifestement très flattée par l'attention de Nésy.

– Buvez mes amis ! Nous scellons pour toujours l'amitié entre l'Égypte et la Nubie. Nous, Nubiens, sommes fiers d'être les obligés du Pharaon tout-puissant !

Thoutmosis IV fit honneur aux plats qui se succédèrent. Le chef nubien avait volontairement choisi des recettes égyptiennes pour montrer au roi combien il se sentait proche de lui. Pendant que la soirée se déroulait, Thoutmosis continuait à réfléchir au plan qu'il avait arrêté. « J'ai eu raison de vouloir agir vite car j'ai l'impression qu'il vaut mieux pour moi ne pas dormir une seule nuit dans cette maison au risque de rejoindre prématurément Osiris ! »

Alors que certains convives commençaient à s'assoupir, le roi vit enfin les rares bosquets qui ornaient le jardin extérieur s'agiter. Thoutmosis prit la parole et tenta de distraire Nésy qui était assis en face d'eux.

– Viens près de moi et chante-moi cet air égyptien que j'apprécie tant, dit le roi à Néfertary.

L'Égyptienne le regarda extrêmement surprise. Non seulement elle n'avait jamais chanté pour Pharaon mais sa voix n'était guère mélodieuse. Elle allait répliquer lorsqu'un simple mouvement de cils du roi lui fit comprendre de n'en rien faire. Mais alors qu'elle se levait pour se rapprocher du fauteuil du roi, elle se mit à tituber. Deux servantes se précipitèrent pour la soutenir.

– Que se passe-t-il ? demanda aussitôt Thoutmosis en se levant à son tour. Néfertary aurait-elle bu quelque poison ?

Nésy s'offusqua de cette remarque. Il sembla, lui aussi, s'inquiéter de la santé de l'Égyptienne. À cet instant, les soldats de Thoutmosis IV, qui considéraient son mouvement soudain comme un signal, se précipitèrent dans la pièce, les armes à la main.

Néfertary avait perdu connaissance. Monkheper se précipita vers sa fille. Comprenant la situation, Nésy donna immédiatement l'ordre de s'emparer de la jeune femme mais Thoutmosis brandit devant lui le long couteau qui était attaché à sa ceinture.

– N'avance pas, lui dit-il. Reste où tu es ! Dis-moi immédiatement quelle mixture tu lui as donnée sinon je te tue devant tes hommes !

Nésy ne bougea pas. Ses soldats avaient, toutefois, pris leurs armes et arrivaient de toutes parts, prêts à fondre sur les Égyptiens. Un combat acharné s'engagea. Bien que les Égyptiens, forts de l'effet de surprise qu'ils avaient créé, eussent tout d'abord l'avantage, les Nubiens en tuèrent plusieurs.

Thoutmosis se battit contre Nésy qu'il réussit à blesser au bras.

– Vite ! Emmenez Néfertary à l'extérieur ! Qu'un cocher la conduise vers les dunes et la mette à l'abri ! Le médecin doit se trouver au camp. Qu'il la soigne immédiatement !

Deux hommes réussirent à se frayer un chemin au

milieu des combattants grâce à Monkheper qui ne voulait pas quitter sa fille.

La lutte dura jusqu'à l'aube. Quand Rê se leva, Nésy ne put que constater la victoire de Pharaon. Tous ses hommes étaient à terre, morts ou sérieusement touchés. Lui-même avait perdu beaucoup de sang.

– Reconnais devant tous ma supériorité ! dit Thoutmosis. Tu ne me croyais pas assez stupide pour ajouter foi à tes belles paroles ? Tes soldats étaient prêts à se défendre. Qu'espérais-tu ? Nous empoisonner lâchement ? Me tuer pendant la nuit ?

– Pharaon se trompe. Ne lui ai-je pas donné des marques de sympathie ?

– Laisse ces beaux propos de côté. Néfertary est peut-être morte à cause de toi...

– Je jure devant tous les dieux que je n'ai pas agi contre elle.

– Comment expliques-tu ses malaises ?

– Je ne les explique pas, répondit Nésy d'un ton larmoyant. Tu as tué presque tous mes soldats. Je suis ton prisonnier. Tu peux me traîner devant ton char lors d'une fête triomphale. Ne m'épargneras-tu pas ?

– Je prendrai ma décision lorsque j'aurai vu Néfertary.

– Que les dieux la gardent en bonne santé !

– Cela vaudrait mieux pour toi !

Thoutmosis ordonna à ses troupes de se retirer et de s'emparer des armes qui traînaient à terre.

– Ouvre tes coffres ! dit-il à Nésy. La Nubie croule sous l'or ! Emparez-vous aussi du mobilier ! Mes soldats ont bien mérité des récompenses et un butin important.

Les Égyptiens procédèrent à un véritable déménagement pendant que Thoutmosis rejoignait précipitamment son camp. Nésy avait été placé sur un char, les fers aux pieds.

– Où se trouve Néfertary ? demanda le pharaon au médecin qui venait à sa rencontre.

– Sous une tente. Rassure-toi, elle reprend ses esprits. Je lui ai fait respirer des senteurs qui éveillent les sens.

– Qu'Isis soit grande parmi les grandes, dit le roi. Que lui est-il arrivé ? Aurait-elle bu trop de vin ?

– Il m'est difficile de te répondre tant que nous ne serons pas rentrés en Égypte. Je crois, cependant, deviner, la cause de ces malaises.

– Je t'écoute.

– Néfertary paraît attendre un enfant.

– Un enfant ? Mais les femmes du harem prennent souvent des précautions quand elles ne veulent pas tomber enceintes et...

– Malgré toutes ces précautions, la nature est parfois plus forte.

– Si tu as donné un bon diagnostic, tu viens sans doute de sauver la tête du chef Nésy.

Thoutmosis se rendit au chevet de Néfertary qui respirait un flacon de parfum.

– Que s'est-il passé ? Pourquoi suis-je ici ?

– Repose-toi, lui dit le roi. Je te raconterai plus tard tout ce qui s'est déroulé ici. Il fait jour et nous devons retourner en Égypte.

– En Égypte ?

Monkheper rejoignit le roi.

– J'ai quitté le combat pour m'occuper de ma fille, lui dit-il. Tu peux me punir pour avoir fait ce choix. Je n'aurais guère été utile à Pharaon sur le lieu de la bataille car si je sais faire du vin, je combats sans prestige.

– Le médecin t'a-t-il parlé ?

– Non.

– Nous lèverons le camp dès que les soldats se seront emparés du butin.

XXV

Tous les tests de sorcellerie confirmèrent la grossesse de Néfertary. Thoutmosis IV se rendit à Memphis avec la cour pour célébrer leur union devant le peuple rassemblé. Les Égyptiens se déplacèrent nombreux vers la ville du nord de l'Égypte. Certains apportaient des cadeaux avec eux ; d'autres des messages de paix et d'amour. Le roi put ainsi constater combien il était populaire malgré son jeune âge. Informé des incidents qui avaient touché Néfertary, le peuple compatissait et montrait beaucoup d'affection à la jeune femme. Personne ne savait encore qu'elle attendait un enfant du roi. Seuls le médecin de la cour, Monkheper, Tiâa et trois femmes expertes en sorcellerie connaissaient la nouvelle.

Pour l'union du roi et de Néfertary, les rues de Memphis avaient été recouvertes de fleurs. Les prêtres avaient prié les dieux pendant plusieurs jours. Thoutmosis et Néfertary avaient tous deux offert des sacrifices d'animaux aux principaux dieux. Ptah, qui était la divinité la plus vénérée à Memphis, avait été comblé. Tous les habitants de cette ville avaient orné leur modeste maison afin de fêter l'événement. Des bandes d'enfants chantaient aux abords des pyramides.

Pour profiter pleinement de ces jours de joie, la plupart des Égyptiens avaient obéi au roi en prenant des congés. Ils se réjouirent en buvant du vin et de la bière, en louant des danseurs et en mangeant entre amis.

*
**

Quelques semaines après son mariage, Thoutmosis reçut un message inquiétant du Mitanni. Les Asiatiques devenaient de nouveau menaçants. Thoutmosis hésita à rassembler ses troupes. Tant qu'il put différer son départ, il préféra rester auprès de Néfertary. La Grande Épouse mit au monde un garçon en provoquant dans toute l'Égypte une joie immense. Thoutmosis voulut l'appeler Aménophis, troisième du nom. Tiâa en éprouva beaucoup d'émotion. Elle avait fini par adopter sa belle-fille qu'elle trouvait astucieuse, cultivée et de compagnie agréable.

Monkheper se rendait souvent au palais. Il avait refusé des titres importants que lui avaient proposés Tiâa et Thoutmosis en affirmant qu'il préférait choyer ses vignes plutôt que de devenir haut fonctionnaire.

Thoutmosis se contenta d'envoyer au Mitanni quelques troupes pour combattre les rebelles. Son récent succès en Nubie calma les plus agités. Ces opérations suffirent jusqu'au jour où les Mitanniens se montrèrent très offensifs.

– Tu dois aller parler au roi, lui rapporta l'un de ses généraux. Si tu ne parviens pas à l'amadouer, la guerre sera inévitable. Tu devras toi-même commander l'armée égyptienne.

– Nous avons déjà fait placer maintes inscriptions rappelant nos exploits dans ce pays de révoltés ! Que puis-je faire d'autre ?

– Y aller en personne et tout raser comme tu l'as fait en Nubie.

– Sauf si je persuade le roi d'abandonner...

– Je crois qu'il est disposé à t'entendre...

– Voilà qui me rassure ! Le roi du Mitanni que nous avons vaincu est prêt à m'entendre !

Thoutmosis réfléchit.

– Le roi est venu à Memphis. Je jugerai si l'homme a changé et s'il est possible de discuter avec lui.

– Tu as donc décidé de partir ?

– Ai-je réellement le choix ?

Thoutmosis se prépara au départ. Il laissa, toutefois, passer encore quelques mois. Tant que les soldats égyptiens parvenaient à maîtriser la situation, rien ne l'empêchait de s'attarder à Memphis. Les Nubiens restaient calmes. Ceux qui avaient été faits prisonniers le servaient parfois avec humilité.

Néfertary n'apprit pas sans tristesse la décision de son époux. Elle redoutait les Asiatiques, que Thoutmosis connaissait mal, et qui avaient une vengeance à prendre sur les Égyptiens. Le seul Mitannien qu'elle côtoyait était Amenpafer qui aida, malgré son âge avancé, le pharaon à préparer sa campagne.

– Je ne t'accompagnerai pas, lui dit-il. Je suis trop vieux et ne supporterai pas la fatigue du voyage. Mais, avant de partir, tu sauras tout ce qu'il faut faire ou éviter pour l'emporter sur les Mitanniens. Je serai le premier à te conseiller d'opter pour la paix si le roi est prêt à discuter. Des contrats et des accords valent toujours mieux que d'éternels affrontements.

Thoutmosis lui promit de se montrer clément et d'écouter les paroles du roi mitannien.

– S'il parle avec bon sens et raison, je ne lutterai pas contre lui.

***

Avant de partir, Thoutmosis passa de longs moments avec Néfertary et son fils. Il avait pris soin de confier Aménophis III aux meilleures nourrices. Tiâa veillait, elle aussi, sur son petit-fils.

L'armée s'ébranla au moment où la saison la plus fraîche approchait. Amenpafer avait déconseillé au pharaon de partir pendant la saison des pluies qui ravageaient la région asiatique.

– Tu ne connais pas les tempêtes ni les pluies violentes. Nombre de combattants se sont fait battre à cause du mauvais temps. Certains avaient même peur de ces menaces envoyées par les dieux.

– Depuis que je suis né, je n'ai vu la pluie qu'une dizaine de fois. Elle m'a paru bienfaisante. Si elle tombait plus souvent, nos champs seraient plus verts et nos récoltes plus abondantes. Nous n'aurions pas besoin d'aménager des canaux d'irrigation.

– En effet. Tu parles avec beaucoup de sagesse. Mais tu ne connais pas les pluies torrentielles, les bourrasques de vent qui déracinent les arbres et détruisent les baraques.

– Comment la pluie peut-elle faire tant de dégâts ?

– Il est difficile de l'expliquer. Les faits sont là. Quand la tempête se lève, plus rien ne lui résiste. Nous pouvons perdre alors bataille sur bataille. Le ciel devient noir comme l'encre du scribe. Il paraît si bas que les nuages semblent s'écraser sur nous. Les bourrasques cinglent le visage. Il est impossible de s'abriter, de se protéger, de résister. Notre ennemi connaît ces perturbations et sait les affronter.

Le roi avait finalement écouté les sages conseils d'Amenpafer. La saison s'annonçait plus favorable à leur voyage et à un séjour prolongé dans les régions asiatiques.

Après avoir confié son épouse et son fils aux dieux tout-puissants et avoir sacrifié aux divinités, Thoutmosis ordonna à sa colonne de fantassins de commencer sa marche vers le Sinaï. Pendant ce temps, lui prendrait la tête de la flotte et redescendrait le Nil jusqu'à son embouchure avant de gagner la mer et de se diriger vers Byblos.

La flotte égyptienne parvint au port sans dommages. Thoutmosis débarqua sur un sol ami et sacrifia de nouveau aux dieux. Puis il entama sa marche vers le Mitanni en espérant faire sa jonction avec ses fantassins quelques jours plus tard. Il priait les dieux que ses soldats aient avancé comme lui sans difficulté. Diviser ses forces pendant le voyage était une règle qu'il avait apprise tôt. Si les fantassins avaient été attaqués, si eux-mêmes avaient été assaillis par des pirates, une partie de l'armée aurait toujours pu partir combattre les Mitanniens.

Thoutmosis ne s'était pas encombré de harems d'accompagnement. Il souhaitait avancer vite sans ménager ses hommes qui étaient entraînés et courageux. Seul le transport des vivres ralentissait parfois le convoi. Les Égyptiens souffraient de la fraîcheur. La nuit, ils s'enveloppaient dans des couvertures que leur avaient fournies les habitants de Byblos. Quand le ciel se couvrait, ils regardaient les nuages avec angoisse en espérant éviter les pluies.

Au bout de cinq jours de marche, Thoutmosis s'arrêta et attendit les fantassins. Il réunit ses chefs militaires.

– Nous allons attendre ici Rémithot. S'il n'est pas là dans trois jours, nous poursuivrons seul notre parcours comme nous l'avons prévu. Si nous restons trop longtemps ici, nous serons vite repérés.

Tous approuvèrent les paroles du roi. Ils profitèrent de ces quelques jours pour astiquer et aiguiser leurs armes, pour panser leurs chevaux, pour se détendre et dormir. Peu habitués à l'inactivité, ils commençaient à se plaindre lorsque les fantassins arrivèrent enfin. Une clameur de joie envahit le camp égyptien.

– Nous allons vous laisser le temps de reprendre des forces, leur dit le roi. Votre parcours a été plus éprouvant que le nôtre malgré vos chars et vos bêtes. Je ne veux pas approcher du Mitanni avec une armée affaiblie. Peut-être ne serons-nous pas obligés de combattre. Mais je n'en suis pas certain. Je préfère donc ne pas prendre de risques.

Dans le camp s'étaient créées des habitudes telles qu'il ressemblait à un véritable village. Certains balayaient devant leur tente ou arrosaient le sol. D'autres jouaient avec des damiers. D'autres encore inventaient des devinettes. La plupart se prélassaient.

Lorsque Thoutmosis IV donna le signal du départ et l'ordre de lever le camp, nombreux étaient ceux qui regrettèrent cette halte prolongée. Mais le moment était venu de régler les affaires asiatiques.

Pendant leur longue marche, le roi passa avec émotion devant quelques inscriptions qui rappelaient les hauts faits de ses ancêtres. Il approcha de l'Euphrate sans être inquiété. Les villages qu'il traversait n'étaient pas hostiles à sa venue. Mais avant même de franchir le fleuve, Thoutmosis fut étonné de voir arriver une petite troupe conduite par le roi mitannien en personne.

– La rumeur m'a appris ta venue, dit le souverain mitannien au pharaon en approchant son char du sien. Espérais-tu traverser toutes ces régions sans que je n'en fusse averti ?

– Ce serait te faire offense, répondit Thoutmosis sur le même ton. Mes hommes m'ont appris que tu ne respectais pas notre traité. Pourquoi refuses-tu la supériorité égyptienne ? Mon père t'a invité à la cour de Memphis. Rien ne laissait présager que tu nous tromperais.

– Nous avons nos habitudes, nos mœurs, nos croyances. Certains refusent d'adopter les traditions égyptiennes parce qu'elles sont trop éloignées des nôtres.

– Mes ancêtres ont toujours respecté les mœurs des pays qu'ils avaient conquis.

– Nous voulons notre complète liberté...

– Allons, roi ! Soit honnête ! répondit Thoutmosis. Tu veux surtout conquérir l'Égypte car tu convoites ses champs inondés par le Nil.

– Nos terres le sont aussi par deux fleuves fougueux qui débordent parfois plus que nous le souhaiterions !

– Précisément ! Alors que le Nil est plus docile ! Il fait bon vivre en Égypte et tu te verrais bien sur mon trône !

– Je crois que tu te trompes, Thoutmosis. Accepte mon hospitalité. Ma famille t'accueillera chaleureusement. Mes épouses, mes filles t'entoureront.

Thoutmosis se souvint alors de celle qu'il avait autrefois remarquée à la cour de Memphis. Qu'était-elle devenue ? S'était-elle mariée ? Avait-elle une famille ? Son père l'avait-il donnée à un autre souverain ?

– J'accepte volontiers ton hospitalité, répondit Thoutmosis avec un peu trop d'empressement.

Surpris que sa tâche fût aussi facile, le roi mitannien l'invita aussitôt à le suivre.

L'armée égyptienne suivit tranquillement la troupe mitannienne jusqu'à la capitale. Les habitants, surpris de voir le roi mitannien chevaucher à côté du pharaon, ne savaient ce qu'ils devaient en conclure. Certains, manifestement hostiles aux Égyptiens, auraient sans doute préféré un conflit. D'autres semblaient se réjouir de cette situation.

Dès que les deux troupes entrèrent dans la ville, les Mitanniens acclamèrent les souverains. La foule se fit plus dense aux abords du palais.

– Le fleuve a abondamment débordé ces derniers mois, expliqua Artatama à Thoutmosis. Si nos maisons n'étaient pas construites sur pilotis, elles seraient inondées. Seuls dépasseraient les toits.

– Les nôtres le sont aussi, répondit le pharaon. Mais le Nil est plus calme que vos fleuves en perpétuel mouvement.

Le pharaon trouva le palais d'Artatama agréable et beau. Le roi lui proposa, dès son arrivée, des boissons et des plats avant de l'inviter à prendre du plaisir en compagnie de femmes du harem d'une grande beauté.

– J'ai hâte de connaître tes épouses, lui dit Thoutmosis.

– Tu connais déjà certaines de mes filles qui ont séjourné à Memphis et à Thèbes.

– En effet.

***

Des fonctionnaires mitanniens s'occupèrent du logement de l'armée égyptienne. Seuls les proches conseillers et les généraux de Thoutmosis restèrent au palais avec leur maître.

Le pharaon n'était pas mécontent de la tournure que prenaient les événements. Tout en se laissant laver, il se rappela quelques récits de son ancien ami Pashed. « Amenpafer ne m'a jamais reparlé de la fille du roi mitannien. Il a pourtant reçu de ses nouvelles ainsi que de Sheribu. Est-elle encore en vie ? Pourquoi Pashed ne m'a-t-il pas écrit ? Se trouve-t-il dans cette ville ? Sait-il que j'y suis ? Connaît-il Artatama ? » Après moult réflexions, Thoutmosis IV se dit que le roi mitannien n'avait aucune raison de rencontrer Sheribu et Pashed. « Pashed a dû reprendre une existence ordinaire dans son pays », conclut-il.

Les femmes qui l'entourèrent le séduisirent. Il les trouvait belles et envoûtantes. Leurs fins vêtements colorés et leurs rubans leur donnaient beaucoup d'allure.

« Alors que je venais ici pour faire la guerre, je me retrouve dans l'un des plus somptueux palais que je n'aie jamais vu. Cette perspective me plaît. »

Tout en se faisant coiffer et raser, il tenta d'interroger le barbier qui connaissait quelques mots d'égyptien.

– Je ne parle pas aussi bien que mon roi, dit celui-ci en plaisantant. Veux-tu que je fasse venir un interprète ?

Thoutmosis IV accepta. Il put ainsi lui poser de nombreuses questions sur les filles d'Artatama.

– Certaines sont mariées, d'autres non.

– Connais-tu Hinutimpet ?

– Bien sûr, Pharaon.

Le barbier s'empara de ses ciseaux et demanda au roi ce qu'il attendait de lui.

– Rase-moi et épile-moi tous ces poils superflus ! Les Égyptiens n'aiment pas être barbus !

L'homme, petit et actif, éclata de rire et étala devant lui tous ses instruments. Pinces, étuis, petites boîtes en bois, peignes, perruques constituaient son attirail. Lorsqu'il vit les nombreuses perruques de Pharaon, il les contempla avec vénération, les caressa, les détailla en spécialiste.

– Laquelle veux-tu pour ce soir, Grand d'Égypte, Horus d'or ?

L'interprète traduisit ses propos quelque peu maladroits.

– La plus éclatante. Elle ne doit pas non plus être trop imposante. Laquelle, à ton avis, me met le plus en valeur ?

Le barbier prit plaisir à en placer quelques-unes sur la tête presque rasée du pharaon.

– J'aime beaucoup celle-ci. Elle n'est pas trop lourde et elle sied parfaitement au Seigneur d'Égypte.

– Je suis de ton avis, répondit Thoutmosis, conquis par la volubilité du Mitannien. Parle-moi d'Hinutimpet !

Étonné par cette insistance, le barbier évoqua l'enfance de la jeune Mitanienne.

– Je l'ai connue toute petite. J'aime tous les enfants

du roi. Cependant, Hinutimpet est très attachante. Elle est pleine de grâce. Elle s'intéresse à toutes les sciences.

– Est-elle mariée ?

– Non. Je sais qu'un homme lié à la famille royale la convoite et que le roi souhaite annoncer leur union.

– Se trouve-t-elle au palais en ce moment ?

– Absolument ! Tu la verras ce soir même, Pharaon tout-puissant !

Le barbier rassemblait les mèches rebelles qui s'échappaient de la coiffure du roi. Il l'agrémentait de rubans de couleur, frisait quelques mèches. Lorsque l'ensemble lui parut harmonieux, le pharaon lui ordonna d'ouvrir le coffre qui avait été placé près de sa couche.

Le barbier s'exécuta et poussa un cri émerveillé.

– L'uraeus d'or ! Je n'en ai jamais vu un d'aussi près !

– Tu peux le prendre et le poser sur mon front, répondit en riant Thoutmosis. J'espère que tu viendras chaque jour t'occuper de moi pendant mon séjour dans cette ville. Tu me parais compétent et doué.

– Je suis au service de notre roi, répondit le barbier. Tant que tu es ici, je suis avant tout à ton service.

Il prit le serpent en or et vint le placer sur la perruque du roi.

– Quelle splendeur, dit le barbier en contemplant le front du pharaon.

– Que les dieux te protègent, barbier ! J'aurais besoin de toi après notre banquet pour ôter cette coiffe.

– Je t'attendrai ici même.

XXVI

La cour mitannienne attendait le pharaon avec curiosité et crainte. La plupart ne l'avaient jamais vu. Il fut accueilli avec beaucoup d'égards et écouta pendant une bonne partie de la soirée les doléances de son hôte.

– Tu comprendras, Artatama, que je ne puis répondre à toutes tes exigences, lui dit-il. Mais je te promets d'y réfléchir très sérieusement. Je souhaite, avant tout, maintenir la paix entre nos deux peuples. Il est inutile de nous déchirer si nous pouvons parvenir à un accord.

Le roi mitannien l'approuva.

Après ces délibérations, les deux hommes purent s'adonner aux plaisirs du banquet. Thoutmosis s'étonna de ne pas avoir rencontré les épouses du roi mitannien.

– Elles se trouvent dans leurs appartements car les femmes ne partagent pas toujours les festins des hommes. Souhaites-tu que je les fasse venir ?

– J'aurais plaisir à les connaître.

Le roi donna aussitôt des ordres en ce sens.

– Un repas sans femmes est un peu triste, ajouta Thoutmosis en remarquant que seuls les hommes avaient pris place sur des tabourets, des chaises ou des divans.

– Les musiciennes et les chanteuses ne suffisent pas à ton plaisir ?

– J'aime aussi entendre le rire des femmes.

– Voilà précisément mes épouses. Elles sont une dizaine. Mais je possède bien d'autres femmes dans mon harem.

Thoutmosis lui demanda laquelle était la reine.

– J'ai plusieurs épouses principales mais j'avoue avoir un petit penchant pour la dernière, la plus jeune, qui s'appelle Shamashu. La voilà ! Elle avance en tête.

Les femmes entraient en file dans la salle de festin. Elles paraissaient un peu troublées par le regard des hommes. Mais elles ne baissèrent ni les yeux ni la tête. Elles vinrent se prosterner devant le roi et attendirent ses ordres.

– Saluez Pharaon avant moi, dit aussitôt le roi mitannien. Ses ancêtres nous ont vaincus. Même si nous avons repris à son père, le digne Aménophis II, une partie de notre territoire, Pharaon demeure le maître dans bien des contrées d'Asie. Nous lui devons le respect.

Toutes les femmes saluèrent chacune à leur tour le roi égyptien. Thoutmosis les admira. Elles étaient toutes jeunes.

– Vous allez vous asseoir près de nous, dit Artatama. Partageons ce banquet selon la volonté de Thoutmosis IV ici présent !

Des serviteurs s'empressèrent d'apporter de nouveaux trépieds et des tables basses qu'ils garnirent aussitôt.

– Je connais maintenant tes épouses, dit Thoutmosis. Mais ne m'avais-tu pas promis d'inviter aussi tes enfants à ce banquet ?

– En effet. Mes fils sont déjà là. Je vais te les présenter.

Le roi fit de nouveau appeler deux de ses conseillers qui allèrent chercher dans la salle les princes mitanniens. Les trois fils du roi vinrent saluer le pharaon sans lui montrer, toutefois, une grande sympathie. Ils paraissaient plus froids et plus rebelles que leur père.

– Je ne suis pas venu en ennemi, leur expliqua Thoutmosis en demandant à l'interprète qui était assis à côté de lui de traduire ses propos afin qu'ils ne soient pas mal perçus. Nous arriverons, sans doute, à une entente.

L'un des princes exprima une moue dédaigneuse qui agaça son père.

– Ce sont encore des adolescents, dit-il à Thoutmosis comme pour l'excuser.

– Comme moi... répondit Thoutmosis IV. N'ont-ils pas encore conscience de l'enjeu qui va se jouer entre nous ? La jeunesse n'excuse ni la sottise ni la légèreté.

Blessé par de tels propos, Artatama préféra ne pas répliquer. Il reconnaissait que le pharaon n'était guère plus âgé que ses fils et qu'il était déjà prêt à assumer des fonctions royales.

– Je forme mes fils pour qu'ils puissent régner un jour.

– Mon père m'y a également préparé. Je l'ai beaucoup écouté dès le plus jeune âge. Je partais chasser avec lui à six ans. Je me suis entraîné pendant toute mon enfance sur des terrains de sport où je me mesurais aux plus doués.

Afin de changer l'humeur du pharaon, Artatama préféra évoquer ses filles.

– Veux-tu également les rencontrer ?

Le visage de Thoutmosis s'éclaira.

– Absolument ! Qu'elles viennent ! Leur compagnie me sera agréable.

Le roi mitannien réclama du vin et commanda aux artistes quelques airs entraînants.

– Les voilà... dit-il en se levant.

Thoutmosis reconnut aussitôt celle qu'il avait appréciée à Memphis. Bien qu'il la trouvât plus mûre et plus épanouie, elle semblait aussi volubile qu'avant. Cette joie de vivre lui plaisait beaucoup.

Les jeunes filles s'approchèrent du roi et le saluèrent. La plupart étaient intimidées mais Hinutimpet était la plus audacieuse. Elle rappela au roi égyptien qu'elle était allée à Memphis.

– Je m'en souviens parfaitement, répondit aussitôt Thoutmosis. Tu oublies, cependant, de me dire que tu es partie d'Égypte sans même saluer mon père !

La jeune femme rougit.

– J'avais appris son intention de faire la guerre au Mitanni.

– Crois-tu que les pharaons vous feraient la guerre s'il était possible de traiter avec vous ? Nous ne souhaitons pas anéantir les Asiatiques mais respecter leurs traditions s'ils reconnaissent nos victoires.

– Asseyez-vous près de vos frères, dit Artatama. Thoutmosis IV a parlé sagement.

Comme le pharaon paraissait déçu d'interrompre cette conversation, le roi mitannien crut bon d'inviter sa fille à se joindre à eux.

– Je te trouve intelligente et cultivée, lui dit Thoutmosis.

– Grâce à mon père, j'ai beaucoup appris. Comme tu le vois, je connais aussi l'égyptien.

Le pharaon prit plaisir à découvrir les connaissances et les goûts de cette femme aussi belle que la poésie qu'elle interprétait et aussi douce que les oiseaux qu'elle évoquait. Son attirance pour la nature, les fleurs et les plantes lui rappelèrent son père. À côté de cette douceur étonnante, la Mitannienne pouvait faire preuve de fermeté et d'énergie.

Artatama se rendit bientôt compte que le pharaon n'était pas insensible aux charmes de sa fille.

– On m'a raconté que tu allais t'unir à un Mitannien dit Thoutmosis.

– C'est exact, par tous les dieux, répondit la jeune femme.

– Il s'agirait d'un membre de ta famille... En Égypte, les princesses ont souvent coutume d'épouser leur frère.

– En réalité, le père du frère de sa mère a régné sur le Mitanni.

– Pourquoi ne me le présentes-tu pas ?

La Mitannienne regarda son père.

– Il n'a pas pu se joindre à nous ce soir, répondit le roi. Sans doute le rencontreras-tu une autre fois. Je l'apprécie beaucoup. Il est d'une rare intelligence. Ses conseils sont extrêmement précieux. C'est peut-être grâce à lui que j'ai souhaité te rencontrer. D'autres m'encourageaient à te combattre.

– J'ai hâte de connaître celui qui défend la paix entre l'Égypte et le Mitanni !

– Je tiens absolument à te le présenter. Tu ne quitteras pas cette ville sans lui avoir parlé.

– Tu as choisi l'homme qu'il te fallait, dit Thoutmosis à la jeune femme qui se remit à rougir.

– Elle est encore adolescente et je la surprends parfois

à s'interroger sur ce mariage, avoua Artatama. Les dieux traceront son destin. Je ne veux rien précipiter...

– Mais tu te réjouirais d'une telle conclusion.

– Je l'avoue.

Les deux rois levèrent leur coupe au bonheur d'Hinutimpet.

– Je ne peux m'attarder longtemps dans ton pays, dit Thoutmosis. Je te propose donc de discuter dès demain matin de nos accords. Fais en sorte de ne pas être trop exigeant sinon je ne pourrai accéder à tes demandes.

Tous deux se mirent d'accord pour se rencontrer le lendemain à l'aube. Ils se turent devant le brouhaha qui accompagna l'entrée en scène des acrobates qui faisaient des sauts périlleux au-dessus d'animaux de grande taille. On fit entrer des taureaux d'une longueur inouïe qui suscitèrent quelques remarques. Les bêtes, manifestement dressées, furent disposées au centre de la pièce. Quand elles furent enfin immobilisées, les acrobates prirent leur élan et réussirent une pirouette au-dessus de leur dos sans même l'effleurer. Ils furent vivement applaudis. Les Mitanniens étaient très sensibles à ces démonstrations d'artistes crétois.

Tout en admirant les acrobaties, Thoutmosis regardait la fille du roi du coin de l'œil. Ses pupilles brillaient. Elle prenait plaisir à ce genre de spectacle périlleux.

Quand les applaudissements se calmèrent et que les artistes furent sortis, le roi égyptien demanda à la jeune fille quel était le nom de celui qui allait devenir son époux.

– Je l'appelle Allath ! Car il est aussi sage que les dieux de la parole et de l'écriture !

– Promets-moi de revenir à Memphis ou à Thèbes, dit Thoutmosis en sachant qu'il pouvait l'exiger.

– Si mon père m'y autorise, je me rendrai volontiers en Égypte car j'aime ton pays.

– Ta réponse me réjouit, répondit le roi égyptien.

Bien qu'elle se montrât très détendue, la jeune Mitannienne n'était pas, elle non plus, insensible à la beauté de Thoutmosis qui s'affirmait chaque jour davantage. Il avait hérité de ses ancêtres un visage fin et allongé, des yeux en amande dans lesquels le regard des autres se noyait, des pommettes hautes, des joues un peu creuses et des lèvres épaisses et bien dessinées. Son large front lui permettait de porter l'uraeus avec beaucoup de distinction. Ses larges épaules, ses bras et ses jambes musclés, son torse plus solide qu'un bouclier dans une enveloppe de jeune homme encore très tendre faisaient de lui un parfait éphèbe qui ne laissait aucune femme insensible.

– Puisque tu m'invites dans ton palais, reprit la jeune femme à la surprise de son père, je prendrai plaisir à te faire personnellement visiter notre ville.

– Voilà une offre que je ne refuserai pas ! s'exclama Thoutmosis IV.

XXVII

La proposition de la fille du roi était trop tentante pour que le pharaon ne l'acceptât pas. Entouré de sa garde, restant néanmoins vigilant, il suivit la princesse qui lui fit découvrir la vie au palais, ses alentours, la campagne et lui parla aussi bien d'économie que de danse.

Le parcours qu'ils firent sur des pistes traversant les champs, près des fermes, dans le quartier des artisans et des commerçants lui parut une apaisante parenthèse dans son existence de pharaon. Tout en respectant le décorum, ils se rapprochèrent et purent constater que leurs goûts étaient souvent les mêmes.

*
**

Dès qu'il rentra à Memphis, Thoutmosis IV écrivit un message au roi mitannien. Il n'avait cessé de songer à la fille du roi pendant le voyage qui l'avait ramené à Memphis. Les deux rois étaient finalement parvenus à un accord si bien que son esprit n'était occupé que par l'amour qu'il ressentait pour cette Mitannienne.

– Que fais-tu ? lui demanda Néfertary qui le trouvait

distant depuis son retour. Tu n'as pas été embrasser ton fils.

– Une urgence à régler, répondit Thoutmosis. Je voulais faire partir ce message dès que possible.

Le pharaon ne lui révéla pas, toutefois, le contenu de la lettre. Il réclamait la fille du roi mitannien et voulait en faire son épouse.

Thoutmosis n'était pas mécontent du déroulement de son expédition. Afin de ne pas trop frustrer les mercenaires partis avec l'armée égyptienne, il ordonna une distribution de récompenses. Puis il passa quelques heures dans son harem en compagnie d'une certaine Maïerperi qui ressemblait un peu à Hinutimpet. Elle avait le teint très foncé et les cheveux aussi noirs que ceux des Nubiennes. Cette décision étonna et attrista Néfertary. Elle assombrit sa joie de voir se réaliser l'un de ses plus beaux rêves, celui de figurer en compagnie d'Amon sur l'un des murs du temple de Louxor. Parce qu'elle s'était unie au dieu qui avait pris les traits de son époux, leur enfant ne pouvait que régner.

Thoutmosis alla seulement voir son fils en fin de journée. Il était en compagnie de son éducateur Heqerneh qu'il aimait comme un frère aîné et qui veillait scrupuleusement sur son éducation.

– Il a eu quatre ans en ton absence, lui dit Néfertary. Comme il est habitué à t'avoir à ses côtés, je crois que tu lui as manqué.

– Rassure-toi. Je n'ai aucune raison de m'absenter de nouveau. Les peuples asiatiques se sont montrés conciliants. Je suis satisfait de nos tractations. Quand je repartirai en campagne, si jamais les dieux m'y obligent, notre fils sera suffisamment grand pour m'accompagner !

Néfertary retrouva sa bonne humeur. Elle ne comprenait toutefois pas la froideur du pharaon à son égard.

– Notre fils se porte bien, constata Thoutmosis IV. À son âge, je devais être moins épanoui. Tiâa se plaignait toujours de ma minceur.

– Peut-être tient-il de mon père... répondit Néfertary en riant. Je préfère le voir ainsi que chétif et maladif. Tant d'enfants meurent en Égypte !

Quelques jours plus tard, Thoutmosis reçut un message du roi mitannien. Il s'enferma aussitôt dans son bureau et ordonna à son scribe de le traduire.

– Allons ! Rapporte-moi vite les propos d'Artatama. J'attendais de lui mieux qu'une simple tablette !

Le scribe s'assit sur un coussin posé à même le sol devant les pieds de Pharaon. Il saisit les tablettes et les déposa sur ses genoux avant de traduite le texte.

– « Au pharaon, Horus d'or, Seigneur des deux terres. Je te salue et t'honore. J'ai été touché de ton aimable proposition. Tu voudrais faire de ma fille une épouse égyptienne. Mais je l'ai déjà promise à un membre de notre famille. Je t'envoie, cependant, maints coffres de pierres précieuses. »

Thoutmosis devint rouge de colère.

– Comment peut-il me refuser une telle faveur ? A-t-il bien compris qui était le maître ? Prends ta plume et écris !

Le scribe s'exécuta sans oser lever les yeux vers le pharaon.

– « Au roi du Mitanni Artatama. Je veux que ta fille rejoigne Memphis le plus rapidement possible. Je compte en faire l'une de mes épouses et l'accueillir dans mon harem. Que son voyage se passe le mieux possible grâce aux dieux et qu'elle arrive rapidement en Égypte ! »

– Quand dois-je faire partir ce message ?

– Immédiatement !

Thoutmosis se demanda si le roi avait seulement parlé de ses intentions à celle qu'il avait choisie. « Son prétendant a-t-il osé intervenir ? Si c'est le cas, je le condamnerai à quelque peine ! »

– Je suis convaincu qu'il n'a même pas évoqué mes intentions devant elle. J'ai senti combien je l'attirais. Jamais encore je ne me suis trompé sur les sentiments des femmes à mon égard. Les Thoutmosis sont très perspicaces dans ce domaine ! Personne ne la rendra aussi heureuse que moi ! Qui serait capable de lui donner chaque jour des bijoux, des terres, des vêtements luxueux ? Elle sera comblée.

Tout en réfléchissant à haute voix devant ses gardes, Thoutmosis n'avait pas pris conscience de la présence de Néfertary.

– De qui parles-tu ? lui demanda-t-elle. Tu t'exprimes comme un père qui veut marier sa fille !

– Je pensais à une jeune Mitannienne qui agrémenterait mon harem de ses charmes.

Néfertary devait se plier aux exigences du roi.

– J'espère qu'elle illuminera les soirs de Sa Majesté, dit-elle à regret.

– Personne ne remplacera dans mon cœur la Grande Épouse royale, ajouta Thoutmosis. Tu es l'élue des dieux et de mon cœur.

– Que les divinités t'entendent !

– Aucune femme ne prendra ta place.

XXVIII

Malgré l'insistance de Thoutmosis, le roi mitannien fit toujours la même réponse à l'Égyptien qui commença à s'impatienter. Profondément choqué par une telle attitude, il finit par sommer Artatama de lui envoyer sa fille s'il ne voulait pas déclencher la guerre entre leurs deux pays.

Au palais, la fille du roi mitannien n'avait pas été informée de la requête du pharaon. Elle surprit, cependant, une conversation entre son prétendant et son père.

– Je ne sais plus comment convaincre Thoutmosis IV d'abandonner cette idée, disait Artatama. Tu aurais dû accepter de le rencontrer. Tu l'aurais charmé. Il aurait été flatté par ton attirance pour l'Égypte. Jamais il ne t'aurait enlevé ma fille.

– Tu sais bien que j'étais souffrant pendant le séjour de Pharaon.

– Les dieux ne nous aident pas. Pharaon m'a écrit à six reprises. Je ne puis lui répondre « non » une septième fois sinon nos deux pays entreront en guerre. Je ne le souhaite pas.

– Ainsi donc tu comptes céder et envoyer ta fille en Égypte ! Tu connais pourtant mes sentiments pour elle !

– Tu devras te plier à ton devoir...

– Laisse-moi réfléchir jusqu'à demain. Si je ne trouve aucune solution, nous enverrons ta fille à Memphis. L'as-tu informée de ce qui l'attend ?

– Pas encore.

– Quelle sera sa réaction ?

– Je suis incapable de la prédire...

Effrayée par ce qu'elle venait d'entendre, la jeune Mitannienne attendit son prétendant dans le couloir. Quand il sortit, le visage renfrogné, elle se précipita vers lui et lui demanda des explications.

– Je pensais régler cette affaire facilement, lui répondit-il. Pharaon a tant de femmes ! Il est parfois séduit par de nouvelles filles qu'il oublie aussitôt. Comment pouvais-je imaginer qu'il insisterait tant pour t'obtenir ?

– Que veut-il de moi ?

– Faire de toi une épouse.

Ne sachant que penser, la jeune Mitannienne resta muette.

– Et vous ne savez plus comment l'en dissuader...

– Tu as compris la situation.

– Dans ce cas, je devrai me dévouer.

– Il existe peut-être une solution... Si j'échoue, il te faudra partir...

Il marcha d'un bon pas vers le jardin où l'attendait une femme âgée. Son inquiétude se lisait sur son visage.

– Thoutmosis insiste ? demanda-t-elle.

– Oui.

– Je connais cette famille. Jamais elle ne cède ! Il ne te reste qu'un seul moyen d'agir. Nous savons tous les deux comment se comportent les Thoutmosides.

– Tu songes à la même chose que moi ?

– Bien entendu. Nous ne pouvons y échapper. Tu ne peux plus rester dans l'ombre.

Tous deux firent appeler des scribes et se concertèrent sur le message qu'ils devaient envoyer à Thoutmosis. Ils dictèrent plusieurs lettres qu'ils finirent par jeter.

– Tout cela ne convient pas. Nous devons être sûrs de notre fait.

Le prétendant d'Hinutimpet se leva. Le ton employé dans ces lignes ne le satisfaisait pas.

– Inutile de se compliquer ainsi la tâche. Agissons le plus naturellement du monde. Je connais bien Thoutmosis. À moins qu'il n'ait considérablement changé, je sais comment l'amadouer. Il sera tellement surpris de mon message qu'il oubliera sans doute son obstination. Il réfléchira, ensuite, à nos rencontres, à nos discussions, à notre entente. Jamais il ne m'infligera une telle peine.

– Tu me parais bien optimiste. Les hommes changent en dirigeant un pays. Thoutmosis a acquis la morgue des pharaons.

– Allons, scribe, écris ! « Que Pharaon se souvienne de nos chevauchées et de nos compétitions. Qu'il ait en mémoire notre complicité. Nous avons été si proches ! Nous avons eu les mêmes professeurs. Je me suis éloigné de Thèbes sans l'en avertir et je ne suis jamais revenu. Ne me le pardonnera-t-il jamais ? »

La Mitannienne approuva son fils.

– Tu as raison de te montrer franc.

– « Je vis aujourd'hui à la cour du roi mitannien, poursuivit-il. Cela t'étonnera sans doute mais tu ignores probablement que le frère de ma mère est le fils de l'ancien roi du Mitanni. Ne l'en blâme pas ! Il ne te l'a jamais révélé mais il a toujours servi fidèlement les pharaons. Nous ne sommes pas de la même famille comme tu l'as longtemps cru. Aménophis II, ton père, croyait que j'étais son demi-frère et que j'étais le fils de Sheribu et de Thoutmosis III. Mon père s'appelait en réalité Ishtariou. Il avait été élevé, comme ma mère, au Mitanni. Ma mère l'a toujours aimé. Rien ne me retenait donc en Égypte. J'ai voulu connaître le pays dont ma mère me parlait souvent... »

– Il comprendra peut-être... dit Sheribu, pensive. J'espère seulement qu'il ne fera pas de reproches à mon frère Amenpafer.

– Continuons... « Tu as vu combien la fille du roi mitannien m'attirait à la cour de Memphis. Je l'ai retrouvée ici même et son père me l'a promise en mariage. Or, tu es arrivé au moment où nous allions nous unir. Tu as bouleversé nos objectifs et notre avenir. Je te demande, Thoutmosis, au nom de notre amitié et de notre ancienne complicité, de nous laisser vivre notre amour en paix dans ce pays qui est le nôtre. Je te supplie de nous oublier même si Pharaon restera éternellement dans mon cœur comme mon meilleur compagnon de loisirs. Je te vénère, Horus d'or, et je connais ta magnanimité. Sois heureux. Vis longtemps. Vie, Santé, Force à toi et à la dynastie puissante des Thoutmosides ! Que les divinités te soutiennent ! Je te salue. Pashed. »

Sheribu demanda au scribe de relire la lettre. Elle corrigea quelques termes.

– Le roi égyptien reste Pharaon. Même si vous avez grandi l'un près de l'autre, il ne saurait tolérer certaines expressions trop familières...

Le scribe apporta les modifications demandées.

– Réclame le messager le plus rapide et fais le partir

tout de suite. Il doit absolument arriver à Memphis avant celui du roi Artatama. Je vais tenter de dissuader ce dernier d'envoyer un héraut en Égypte avant plusieurs jours.

Pashed contrôla le départ du messager et demanda audience au roi.

– Je pense avoir réglé le problème de notre union, lui dit-il. Je te demande seulement un délai. J'attends une réponse d'un ami égyptien qui pourrait nous aider dans cette affaire. Selon sa réponse, je te dirai si je peux ou non épouser ta fille et si Thoutmosis IV sera prêt à y renoncer.

– Tes propos sont bien mystérieux...

– Fais-moi confiance. Souhaites-tu que ta fille reste près de toi ou qu'elle devienne une femme du harem égyptien ?

– Je prie les dieux chaque jour qu'elle demeure dans ce palais.

– Prions-les ensemble et patientons quelques jours.

– Je n'attendrai pas très longtemps car je ne veux plus mécontenter Pharaon. Il me déplairait de voir entrer dans cette ville l'armée égyptienne une seconde fois.

– Je prends l'entière responsabilité de ce que je viens de te dire.

XXIX

La fille du roi ne passa pas les jours suivants sans angoisse. Elle se prit, cependant, à imaginer quelle serait sa vie au palais de Memphis. Elle revoyait le beau visage serein du pharaon, entendait de nouveau ses paroles posées et riches d'enseignement.

– Quelle belle maturité pour son âge et quelle maîtrise de l'existence. Thoutmosis a reçu une éducation exemplaire. Sa jeunesse n'ôte rien à sa sagesse. Il est bienveillant et préfère la paix à la guerre. Il me regardait avec tant d'attirance !

– Que dis-tu princesse ? lui demanda son ancienne nourrice qui était occupée à ranger dans un coffre des tuniques de lin fin que le pharaon avait apportées avec lui.

– Je rêvais tout haut, répondit la jeune Mitannienne en se retournant sur sa couche.

En comprenant que sa nourrice pliait les vêtements offerts par Pharaon, elle se leva d'un bond et en saisit un.

– Ils sont beaux, n'est-ce pas ?

Elle passa la tissu sur sa joue.

– Ce lin est si doux et si fin ! Je n'en ai jamais vu

d'aussi délicat. Sur soi, ces tuniques doivent être transparentes !

– Les Égyptiens savent confectionner dans les ateliers du palais royal les plus beaux atours...

– On le dit, en effet... Penses-tu qu'il soit agréable d'y vivre ?

– Certainement ! Les femmes y portent les bijoux les plus luxueux, les perruques les plus sophistiquées. La plupart possèdent des terres que le roi leur a données.

– Sheribu prétend qu'on s'y ennuie et que les femmes doivent se plier au bon vouloir de Pharaon.

– N'est-ce pas le cas des femmes du harem mitannien ? Comment Sheribu serait-elle renseignée à ce sujet ?

La Mitannienne posa la tunique sur le rebord du coffre et prit sa nourrice par les bras.

– Écoute bien ce que je vais te dire et réponds-moi franchement.

– J'ai beaucoup de travail...

– Il attendra... Si Pharaon te demandait aujourd'hui même de rejoindre Memphis pour t'épouser que ferais-tu ? Quitterais-tu ton pays et ta famille pour habiter en Égypte ?

– Quelle imagination ! s'exclama la nourrice en riant. As-tu vu mon tour de hanches et mes épaules dodues ? Qui voudrait encore de moi à mon âge ? Certainement pas un roi !

– Oublie tout cela et réponds-moi. Imagine que tu sois encore très jeune et que tous les hommes se retournent sur ton passage. Suivrais-tu Pharaon s'il t'en priait ?

– Je crois, chère enfant, que tu ne saisis pas la situation dans laquelle se trouve le Mitanni. Certes, notre pays a repris en partie sa liberté car Aménophis II a perdu des batailles. Mais nous devons tenir compte des volontés du pharaon si nous ne voulons pas déclencher une guerre.

– Ce qui signifie ?

– Que j'accepterais même si j'y étais opposée.

Elle reprit son activité, pensive.

– Mais je crois que je ne perdrais pas au change ! ajouta-t-elle avec son franc-parler habituel.

– Peut-être parce que tu n'as plus de mari et que tes fils sont mariés...

– Il est vrai que quitter un époux pour s'unir avec un roi que l'on ne connaît pas est difficile.

La Mitannienne s'étendit de nouveau sur son lit. « Je ne peux tout de même pas faire venir Sheribu pour qu'elle me parle de la vie au palais égyptien..., se dit-elle. Comment connaît-elle si bien les habitudes du roi ? »

La jeune femme avait, cependant, envie d'en savoir davantage sur le sujet. Elle eut l'idée de consulter un messager qui se rendait souvent en Égypte. Quand il se présenta devant elle, elle lui demanda de lui raconter ce qu'il savait.

– Je me suis rendue à deux reprises en Égypte mais j'y suis restée si peu longtemps que je n'ai pu apprécier le luxe qui entourait le roi. J'étais trop jeune pour évaluer toutes les richesses égyptiennes à leur juste mesure.

Le messager lui raconta quelques anecdotes éloquentes et décrivit abondamment les femmes qui faisaient partie du harem. Il avait eu l'occasion de les apercevoir lorsque le roi égyptien embarquait pour Thèbes avec son harem d'accompagnement.

– Ces Égyptiennes t'ont manifestement bouleversé ! s'exclama la Mitannienne.

– Il n'y avait pas que des Égyptiennes. Beaucoup d'Asiatiques et de Nubiennes font partie du harem de Pharaon. Elles sont toutes plus belles les unes que les autres. Elles sont si entourées et si choyées qu'elles semblent vivre dans l'insouciance et les loisirs au milieu d'une kyrielle de servantes.

– Sont-elles plus heureuses que les femmes du harem de mon père ?

– Comment pourrais-je juger ainsi la manière dont notre roi traite ses femmes !

– Mais l'Égypte est plus riche...

– Nous possédons aussi de l'or et de l'argent.

La Mitannienne lui demanda de se retirer. Elle s'étendit et fixa le plafond de ses yeux brillants. Son imagination partit bientôt sur les traces de Thoutmosis IV. Elle comprit que le pharaon l'avait moins touchée que le jeune homme. « Même s'il n'avait pas été roi, il m'aurait émue par son charme, son intelligence et sa culture. » Elle finit par s'assoupir en songeant au rire éclatant de Thoutmosis. La présence de Pashed la fit alors sursauter.

– Je ne t'avais pas entendu !

En voyant son visage radieux, elle lui demanda inquiète.

– Père a reçu des nouvelles d'Égypte ?

– Non. Mais je crois avoir agi comme il convenait. J'espère que Thoutmosis IV oubliera bien vite ses stupides espérances.

– Qu'as-tu fait ?

– J'ai pris la bonne décision. Je suis sûr que Pharaon nous laissera en paix.

La Mitannienne chercha en vain à en savoir plus.

XXX

Au palais thébain, Thoutmosis IV s'impatientait. Il avait décidé de se rendre au temple de Louxor pour admirer une nouvelle fois les dessins qui faisaient la fierté de son épouse. Néfertary l'accompagnait. Quand ils pénétrèrent dans le temple du dieu Amon, le pharaon crut entendre son scribe qui annonçait un messager mais ce n'était qu'un faux espoir.

– Pourquoi te montres-tu si inquiet ? lui demanda Néfertary en descendant de sa litière et en suivant ses réactions du regard. Attends-tu un message important d'Asie ?

– Oui. Je l'ai déjà évoqué avec toi.

Espérant qu'il avait enfin oublié la Mitannienne dont il lui avait parlé, Néfertary fut une nouvelle fois blessée. Accompagné de son précepteur, Aménophis III était le seul qui fût capable de lui changer les idées.

– Où se trouve la pièce de la naissance ? demanda-t-il à sa mère.

Les prêtres de Louxor accueillirent la famille royale avec une joie non feinte.

– Je vais t'y conduire moi-même, répondit Néfertary en prenant son fils par la main. Allons-y !

La reine passa sous un immense pylône et suivit un couloir extérieur jusqu'à une petite chapelle autrefois construite sur l'ordre de Thoutmosis III où était habituellement déposée la barque du dieu Amon lorsque les porteurs l'apportaient de Karnak.

Elle traversa une cour et accéda à une petite pièce puis à une autre. Les prêtres la précédaient.

– Nous y sommes, dit-elle à son fils en se mettant à sa hauteur. Regarde ces fresques sur ces murs...

Comme Aménophis III se plaignait de ne rien voir, les prêtres éclairèrent les murs sombres avec des torches. Les flammes dansèrent sur les murs en donnant aux peintures une couleur dorée.

– Vois-tu cette femme entourée des déesses de la naissance ?

Aménophis hocha la tête.

– C'est ta mère, la reine Néfertary.

– Elle ne te ressemble pas, dit le prince. Tu es plus mince...

Néfertary sourit.

– Avant que tu ne viennes au monde, j'étais plus ronde ! Tu comprendras lorsque tu seras plus grand.

Elle suivait du doigt le déroulement de la scène.

– Voilà Amon. Il se trouve avec moi pour te concevoir. Ton père est Amon.

– Mon père est Thoutmosis IV, répondit le prince.

– Tu as deux pères, un père divin et un père humain.

Ne saisissant pas clairement la signification de ces tableaux, Aménophis éprouva, cependant, dans ces lieux, une sensation étrange. Peut-être un jour reviendrait-il ici mettre en valeur cette pièce sombre et aménager d'autres salles.

– Si Amon est mon père divin, dit-il, ce temple doit

être décoré et agrandi. J'y ferai mettre mes statues tout autour de cette cour.

En entendant son très jeune fils parler ainsi, Thoutmosis IV fut frappé par une telle détermination.

– La divinité a dû le visiter pour lui faire comprendre l'importance de ses propos, dit-il à son épouse.

– Il n'a pas tort. Ce temple est plus modeste que celui de Karnak. Or, Amon vient y retrouver son harem à chaque fête importante.

À cet instant, le scribe royal rejoignit le pharaon.

– Excuse-moi de t'interrompre, Horus d'or, mais tu m'avais dit de...

– Tu as bien fait. As-tu des nouvelles du Mitanni ?

– Un messager vient d'arriver...

– Bien ! Je retourne au palais.

– Il ne s'agit pas d'un héraut du roi Artatama...

– Qui est-ce ?

– Je ne sais pas.

Thoutmosis IV se hâta de rejoindre son bureau où l'attendait le messager mitannien.

– Scribe ! Lis-moi ces lignes !

– Pharaon, elles sont écrites dans un égyptien parfait.

Thoutmosis s'en étonna et s'empara des tablettes que lui tendait son serviteur.

– En effet. Je t'écoute.

L'Égyptien lut lentement les phrases de Pashed. Au fur et à mesure de sa lecture, le roi pâlit.

– Que veut dire tout ceci ? Se moque-t-on de Pharaon ? Ainsi donc Pashed serait le prétendant de celle que je convoite ? Il est parti au Mitanni sans m'envoyer de message pendant toutes ces années et il estime que je vais aujourd'hui écouter ses prières ! Il m'apprend qu'Amenpafer est le fils de l'ancien roi du Mitanni et non, comme le croyait mon père jusque-là, l'enfant de l'Égyptien Kay. Je savais bien que ce Mitannien me cachait quelque chose de grave !

Très irrité, Thoutmosis IV convoqua le vieil Amenpafer et lui tendit les tablettes.

– Explique-toi !

– Tout ce que tu dois savoir figure dans ces phrases, répondit le Mitannien. J'ai longtemps cru que j'étais le fils de Kay, l'époux de Thémis, et le frère de Sheribu. Je ne suis, en réalité, que son demi-frère. Quand mon compagnon de jeu Ishtariou m'a appris tout cela, j'étais déjà au service du pharaon que je vénérais. Je ne l'ai jamais trahi. À la mort de Kay, ma mère Thémis se trouvait au palais mitannien. Elle a été obligée de se plier aux volontés du roi qu'elle haïssait. Cet homme avait fait exécuter mon père !

– Je ne te blâme pas. Mais tu as commis une faute en te taisant. Quant à Pashed, il m'a trahi. Je ne le lui pardonnerai jamais ! Le fait que ce soit lui le prétendant d'Hinutimpet ne change rien à mes intentions, bien au contraire ! Je pourrai ainsi lui donner la leçon qu'il mérite !

Amenpafer tenta en vain de le faire changer d'idée.

– Je tiens trop à Hinutimpet pour l'abandonner, même à mon ami le plus cher. Mais je vois, en outre, l'opportunité de me venger d'un homme à qui j'accordais toute ma confiance.

Comme Amenpafer voulait encore parler en faveur du fils de sa sœur, Thoutmosis l'interrompit.

– C'est inutile. Je veux épouser Hinutimpet. Pourquoi ne m'as-tu pas révélé où se trouvait Pashed ?

– Je n'en savais rien, répondit Amenpafer.

Comme Thoutmosis IV ne disait mot, le Mitannien revint sur ses déclarations.

– En fait, je ne l'ai su que tardivement.

*
**

Plutôt que d'écrire à Pashed, Thoutmosis s'adressa à Artatama. Il jugeait dégradant de répondre à un inférieur qui s'était moqué de lui.

Artatama lut avec tristesse le message du pharaon et fit appeler Pashed.

– Tu as écrit toi-même au pharaon sans m'en informer, lui dit-il. Tu m'as menti en prétendant que tu t'étais adressé à un ami. Je viens de recevoir la réponse de Thoutmosis IV...

– Je ne t'ai pas trompé, roi. J'ai bien connu, autrefois, le prince d'Égypte lorsqu'il n'était qu'un enfant.

– Les intentions de Thoutmosis IV n'ont pas changé pour autant. Ma chère fille prendra dès que possible le chemin de l'Égypte.

Pashed protesta de nouveau.

– Rassure-toi, lui répondit Artatama. Je t'ai donné ma parole et je souffre de perdre ma fille. Mais je te donnerai une autre de mes enfants. La plus jeune n'est pas encore en âge de se marier. Si tu es patient...

Afin de ne pas blesser le roi, Pashed préféra se retirer. Il se sentait trop faible pour avertir sa fiancée de son prochain départ. Quand elle apprit la décision de Thoutmosis, Sheribu serra les poings.

– Tu es le fils d'un grand conquérant ! Je suis moi-même la sœur d'un fils de roi ! Nous ne nous laisserons pas ainsi déshonorer ! Prépare ta vengeance,

Pashed ! Oublie tes années passées près de Thoutmosis ! Considère-le doréanavant comme ton ennemi !

Au palais thébain, Néfertary trouva son époux plus amène.

– J'ai enfin réglé cette question mitannienne ! lui apprit-il. Je vais épouser la fille du roi mitannien dès qu'elle sera arrivée en Égypte !

– Épouser ? Je croyais qu'elle ferait seulement partie du harem...

– Il est normal que j'aie des épouses secondaires.

– Elles prennent parfois le pas sur la Grande Épouse royale.

– Je t'ai déjà dit que tes craintes étaient superflues, lui dit Thoutmosis IV en lui prenant la main.

Mais, avec sa perspicacité féminine et sa grande sensibilité, Néfertary comprit qu'un événement capital allait avoir lieu. Elle en redoutait les conséquences.

– Jamais encore un pharaon n'a épousé une princesse mitannienne, dit-elle.

– En effet. Mais la reine Hatchepsout et le pharaon Thoutmosis III nous ont montré tous les avantages des expéditions et des échanges qu'ils ont faits avec les autres pays. Cette union va concrétiser notre pacte de paix.

Comme si tout l'univers allait en être modifié, les oiseaux, effrayés par un incident indécelable, s'envolèrent en poussant des cris inhabituels. On entendit un affolement général dans le parc royal. Tous les animaux se mirent soudain à courir en direction du fleuve.

– Faites, par tous les dieux, que cette étrange décision ne déplaise pas à Rê et qu'il procure toujours la lumière et la chaleur aux vivants, murmura Néfertary en joignant les mains.

– De quoi as-tu peur ?

– Je crains qu'une immense catastrophe ne s'abatte sur nous.

– Il peut aussi en résulter une transformation inespérée.

Le parc semblait, maintenant, désert. Plus un bruit, plus un piaillement, plus un miaulement ne déchirait le silence. Les éléments étaient en attente, suspendus à la décision de Pharaon.

– Que le dieu Rê décide de notre avenir ! s'exclama Néfertary. As-tu seulement pensé à ton fils ?

– Il en gagnera en souveraineté, répondit Thoutmosis IV qui ne songeait qu'au débarquement imminent de Hinutimpet.

Annexes

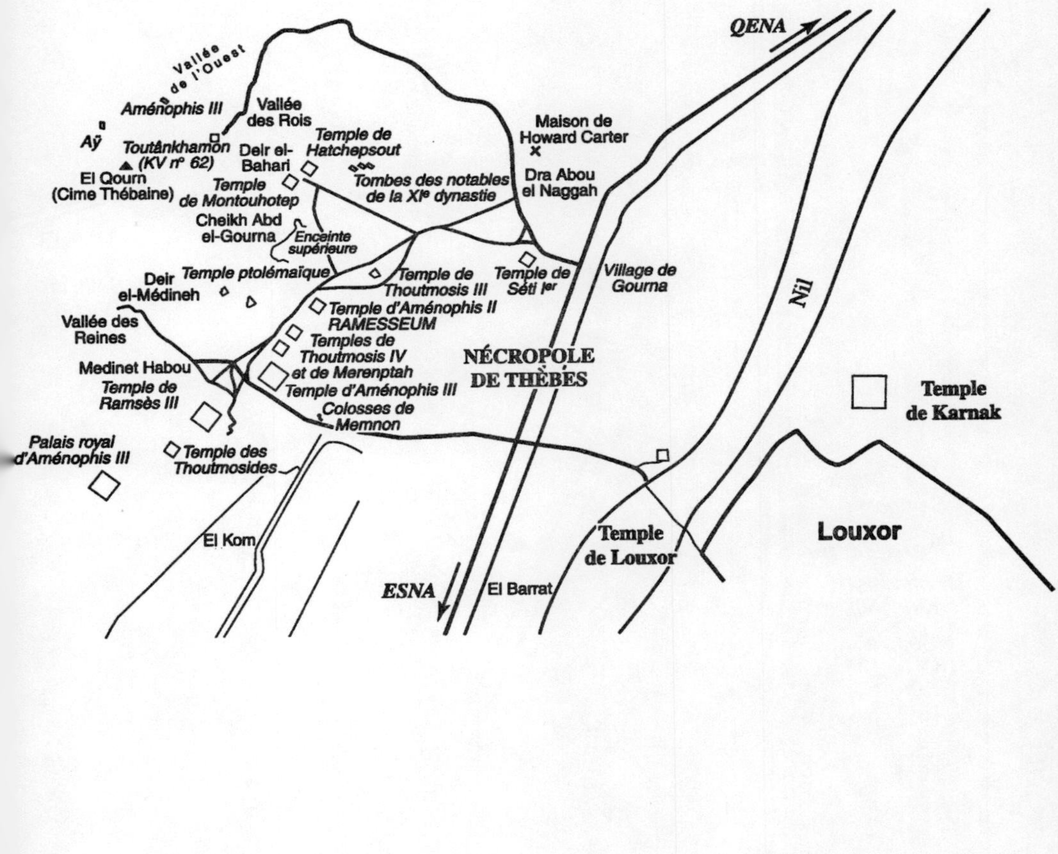

Thèbes-Ouest

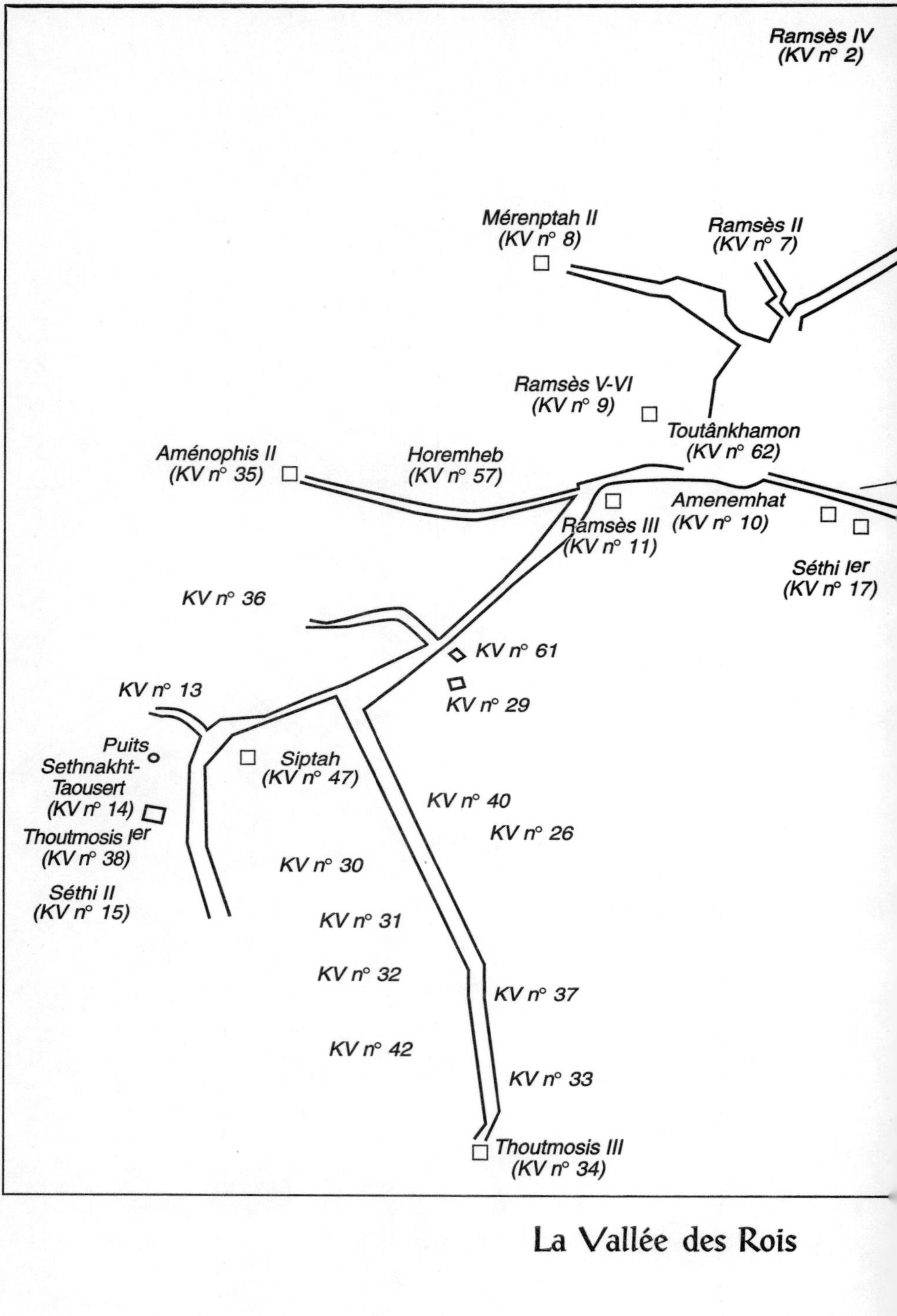

La Vallée des Rois

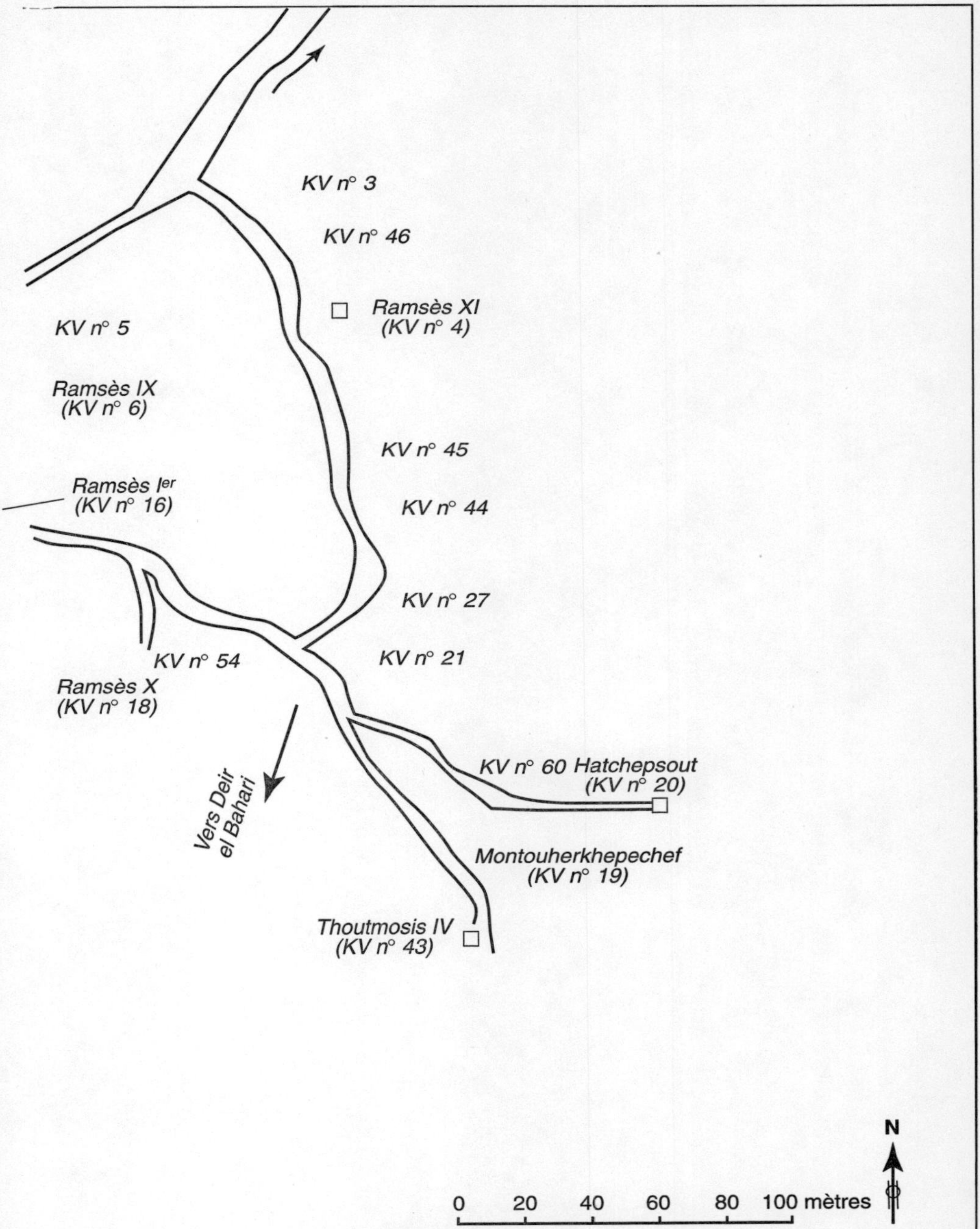
KV n° 3
KV n° 46
Ramsès XI
(KV n° 4)
KV n° 5
Ramsès IX
(KV n° 6)
KV n° 45
Ramsès Ier
(KV n° 16)
KV n° 44
KV n° 27
KV n° 21
KV n° 54
Ramsès X
(KV n° 18)
Vers Deir
el Bahari
KV n° 60 Hatchepsout
(KV n° 20)
Montouherkhepechef
(KV n° 19)
Thoutmosis IV
(KV n° 43)
N
0
20
40
60
80
100 mètres

Les principaux rois de la XIIe à la XVIIIe dynastie

XIIe dynastie (XXe-XVIIIe siècle avant J.-C.)

Amenemat Ier
Sesostris Ier
Amenemat II
Sesostris II
Sesostris III
Amenemat III
Amenemat IV
Nefrousobek

Pendant les XVe et XVIe dynasties s'imposent les envahisseurs Hyksos (XVIIIe-XVIe siècle avant J.-C.) qui gouvernent à Avaris. Des rois ou gouverneurs égyptiens dirigent l'Égypte du Sud à Thèbes.

XVIIe dynastie (XVIe siècle avant J.-C.)

Derniers rois de Thèbes
Tioua Ier (Grande Épouse : Titihéri)
Tioua II (Grande Épouse royale : Ahhotep)
Kamose

XVIIIe dynastie (XVIe-XIIIe siècle avant J.-C.)

Ahmosis (Grande Épouse royale : Ahmès-Néfertari)
Aménophis Ier
Thoutmosis Ier (Grande Épouse royale : Ahmose)
Thoutmosis II - Hatchepsout
Thoutmosis III (environ 1505-1450 avant J.-C.)
Aménophis II
Thoutmosis IV
Aménophis III
Aménophis IV (appelé Akhenaton)
Semenkarê
Toutânkhaton (appelé ensuite Toutânkhamon)
Aï
Horemheb

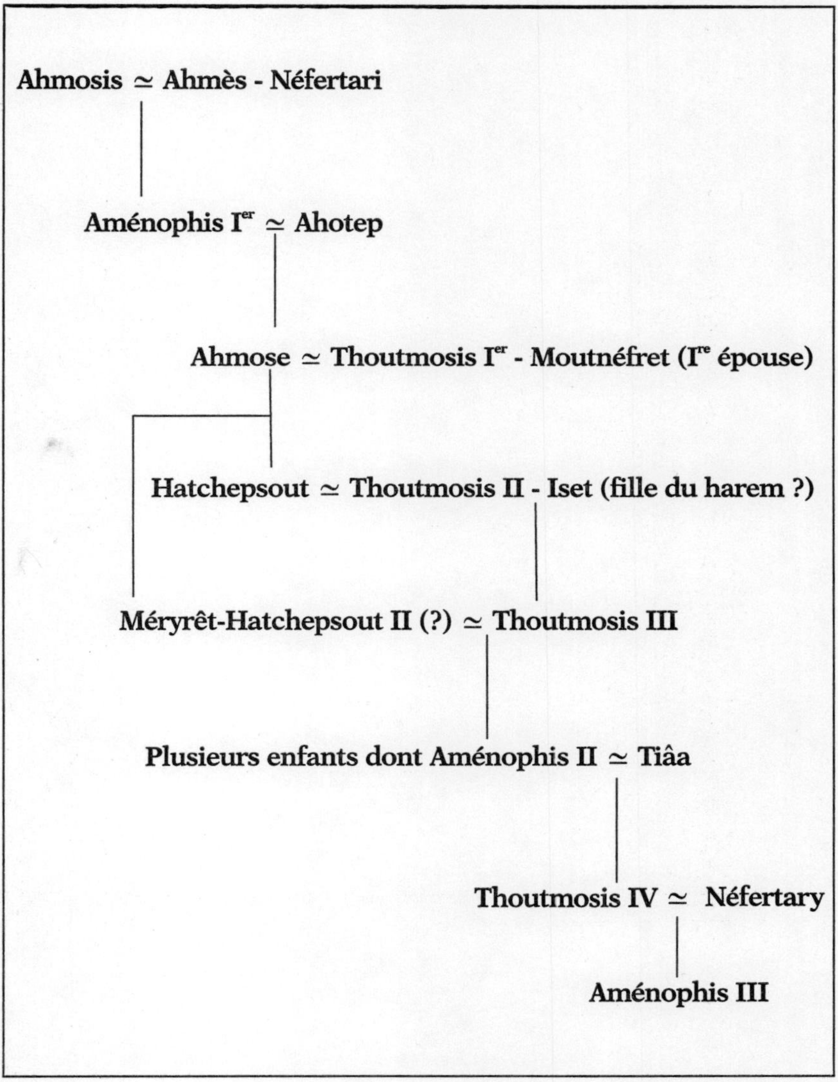

Arbre généalogique des premiers pharaons
de la XVIIIe dynastie

LISTE DES PRINCIPAUX PERSONNAGES

Aménémopé : Vizir sous Aménophis II.

Aménophis II : Fils de Thoutmosis III et de Méryrêt-Hatchepsout II.

Amenpafer : Fonctionnaire d'Aménophis II, demi-frère de Sheribu.

Amouta : Servante de Tiâa.

Artatama : Roi du Mitanni.

Djeser : Garde nubien.

Hatchepsout : Femme-pharaon, fille de Thoutmosis Ier et d'Ahmose, fille du pharaon Aménophis Ier.

Heqerneh : Précepteur d'Aménophis III.

Hinutimpet : Fille du roi Artatama.

Imonemusekhet : Fille de Menna faisant partie du harem d'Aménophis II.

Ishtariou : Ami d'Amenpafer.

Kay : Père de Sheribu.

Khaemeribsen : Prophète d'Amon.

Lotus : Fille de Nebamon.

Maïerperi : Femme du harem.

Menkhepereseneb : Responsable des greniers sous Aménophis II.

Menna : Haut fonctionnaire.

Monkheper : Père de Néfertary.

Moutemuia : Nom donné à Néfertary par Thoutmosis IV.

Nebamon : Général.

Néfertary : Grande Épouse royale de Thoutmosis IV.

Nehemta : Fille de Menna.

Nésy : Chef nubien.

Ouserhat : Fonctionnaire sous Aménophis II.

Ousersate : Général.

Pashed : Fils de Sheribu, ami de Thoutmosis IV.

Quenamon : Intendant du palais de Memphis.

Rémithot : Chef des fantassins.

Sennefer : Gouverneur sous Aménophis II.

Shamashu : Épouse d'Artatama.

Sheribu : Mère de Pashed.

Thémis : Mère de Sheribu.

Thoutmosis Ier : Général devenu pharaon, ancêtre d'Aménophis II.

Thoutmosis II : Fils de Thoutmosis Ier devenu pharaon. Père de Thoutmosis III.

Thoutmosis III : Fils de Thoutmosis II et d'Iset, fille du harem. Neveu d'Hatchepsout. Époux de Méryrêt-Hatchepsout II et père d'Aménophis II.

Thoutmosis IV : Fils d'Aménophis II et de Tiâa.

Tiâa : Épouse d'Aménophis II.

Remerciements

Je tiens à remercier M. Hosni Moubarak, Président de la République arabe d'Égypte ; M. Farouk Hosni, ministre de la Culture ; M. Mandouh el Beltagui, ministre du Tourisme, pour leur chaleureux accueil en Égypte ; M. Gaballah Ali Gaballah, directeur du Conseil suprême des Antiquités en Égypte ; M. Sabry Abd el Aziz Khater, directeur général des Antiquités de Louxor ; M. Mohammed el Bialy, directeur des Antiquités de Thèbes-Ouest ; M. Mohammed A. Nasr, directeur des Antiquités au musée de Louxor ; M. Ossana A. W. Abdel Meguid, directeur du musée de la Nubie à Assouan ; M. Alain Khoury ; Mme Hoda Naguib ; Mme Sonia Guirguis, directrice de l'Office du tourisme égyptien ; M. Jean-Robert Reznick ; M. Jacques Charbit ; Mme Catherine Magnien ; Mme Suzanne Matzakis du groupe Accor ; M. Randolph Edmonds, directeur général du Winter Palace de Louxor ; Mme Dominique Beck-Hamman ; M. Wasfi Kamal, directeur général du Maadi Towers Cairo ; M. Philippe Trapp, directeur du Sofitel Taba Heights ; M. Dimitri Démétriou, directeur de l'Office du tourisme de Chypre ; M. Frangos, directeur du St-Raphaël de Limassol à Chypre ; M. Rajiv Kaul, président général du Mena House Oberoi du Caire ; M. Kamel Senhadji du Novotel de Louxor : M. Gahal el Safty du Mercure de Louxor ; M. William Bridi du Sahl Hasheesh ; M. Martin Stolfa du Hilton Rhodes Resort.

Direction littéraire
Huguette Maure

assistée de
Marie Dreyfuss

Crédit photographique :
Engerer - Vanoyeke

Impression réalisée sur CAMERON par

BRODARD & TAUPIN
GROUPE CPI

La Flèche

pour le compte des Éditions Michel Lafon
en mai 2001

Imprimé en France
Dépôt légal : juin 2001
N° d'impression : 7744
ISBN : 2-84098-659-0
LAF 133A